Psicodinâmica da aprendizagem

SÉRIE PEDAGOGIA CONTEMPORÂNEA

*Christiane Martinatti Maia*
*Jutta Cornelia Reuwsaat Justo*
*Katia Cilene da Silva*
*Maria da Graça Taffarel Krieger*

# Psicodinâmica da aprendizagem

**EDITORA intersaberes**

Rua Clara Vendramin, 58 . Mossunguê
CEP 81200-170 . Curitiba . PR . Brasil
Fone: (41) 2106-4170
www.intersaberes.com
editora@editorainterseberes.com.br

Conselho editorial
Dr. Ivo José Both (presidente)
Dr.ª Elena Godoy
Dr. Nelson Luís Dias
Dr. Neri dos Santos
Dr. Ulf Gregor Baranow

Editora-chefe
Lindsay Azambuja

Supervisora editorial
Ariadne Nunes Wenger

Analista editorial
Ariel Martins

Projeto gráfico
Raphael Bernadelli

Capa
Lado B (Marco Mazzarotto)

Fotografia da Capa
Martin Konopla/PantherMedia

1ª edição, 2013.
Foi feito o depósito legal.

Informamos que é de inteira responsabilidade das autoras a emissão de conceitos.

Nenhuma parte desta publicação poderá ser reproduzida por qualquer meio ou forma sem a prévia autorização da Editora InterSaberes.

A violação dos direitos autorais é crime estabelecido na Lei nº 9.610/1998 e punido pelo art. 184 do Código Penal.

Dados Internacionais de Catalogação na Publicação (CIP)
(Câmara Brasileira do Livro, SP, Brasil)

Psicodinâmica da aprendizagem/Maria da Graça Taffarel Krieger. [et al.]. – Curitiba: InterSaberes, 2013. – (Série Pedagogia Contemporânea).

Outros autores: Katia Cilene da Silva, Christiane Martinatti Maia, Jutta Cornelia Reuwsaat Justo
Bibliografia.
ISBN 978-85-8212-489-5

1. Aprendizagem 2. Cognição 3. Psicologia educacional I. Krieger, Maria da Graça Taffarel. II. Silva, Katia Cilene da. III. Maia, Christiane Martinatti. IV. Justo, Jutta Cornelia Reuwsaat. V. Título. VI. Série.

12-09033  CDD-370.152

Índices para catálogo sistemático:
1. Psicodinâmica da aprendizagem: Psicologia educacional 370.152

# Sumário

*Apresentação*, IX

( 1 )   Teorias do desenvolvimento, 13

    1.1   Freud: uma breve retrospectiva histórica, 16

    1.2   Piaget: uma breve retrospectiva histórica, 20

    1.3   Vygotsky: uma breve retrospectiva histórica, 24

    1.4   Wallon: uma breve retrospectiva histórica, 27

( 2 )  Aprendizagem: um objeto de estudo, 33
- 2.1 Algumas teorias sobre aprendizagem, 36
- 2.2 Conceitos de aprendizagem, 38
- 2.3 Fatores importantes na aprendizagem, 39
- 2.4 Processos de aprendizagem, 41

( 3 )  A relação entre o desenvolvimento fonológico e a aprendizagem da leitura, 47
- 3.1 Sobre a aquisição do sistema fonológico do português brasileiro, 50
- 3.2 A consciência fonológica e a aprendizagem da leitura, 54
- 3.3 As diferentes fases do aprendizado da leitura, 55
- 3.4 Como auxiliar o aluno com dificuldade na aprendizagem da leitura, 59

( 4 )  As habilidades necessárias para a aprendizagem da escrita, 67
- 4.1 O sistema alfabético da escrita, 70
- 4.2 O que o alfabetizando precisa saber, 71
- 4.3 Como sistematizar as relações entre sons e letras, 75

( 5 )  Explorando as inteligências múltiplas na sala de aula, 85
- 5.1 A inteligência lógico-matemática e os conteúdos escolares, 89
- 5.2 A inteligência sonora ou musical e os conteúdos escolares, 91
- 5.3 A inteligência cinestésico-corporal e os conteúdos escolares, 93
- 5.4 A inteligência visuoespacial e os conteúdos escolares, 94
- 5.5 A inteligência naturalista e os conteúdos escolares, 96
- 5.6 A inteligência linguística ou verbal e os conteúdos escolares, 97
- 5.7 A inteligência pessoal e os conteúdos escolares, 99

( 6 )  O papel do professor em face do fracasso escolar, 105

    6.1  Diferenciação entre fracasso escolar
e dificuldade de aprendizagem, 108

    6.2  O compromisso do professor diante
das diferenças individuais, 112

    6.3  Por que o aluno não aprende?, 116

    6.4  A atitude pedagógica do professor diante
dos problemas de aprendizagem, 118

( 7 )  Uni-duni-tê: o brincar, o jogar e a aprendizagem!, 125

    7.1  Um pouco de história: a origem dos brinquedos, 128

    7.2  Um pouco sobre o brincar: como vemos
o brincar da criança?, 132

    7.3  Brincar e educação: quais jogos?, 136

( 8 )  Questões culturais e ambientais na aprendizagem:
olhares de Vygotsky, 141

    8.1  Algumas questões para a aprendizagem, 144

    8.2  Tornar-se sujeito: a importância dos aspectos culturais
e ambientais na aprendizagem, 147

( 9 )  A construção do número pela criança, 155

    9.1  A gênese do número segundo Piaget, 158

    9.2  O papel da contagem na construção do número, 162

    9.3  A resolução de problemas matemáticos, 167

    9.4  O ensino e a aprendizagem do número, 169

( 10 )  Dialogando sobre as diferenças:
a Rede de Significações – RedSig, 173

    10.1  Conceituando a Rede de Significações – RedSig, 176

    10.2  Dialogando sobre as diferenças, 182

*Referências*, 189

*Gabarito*, 193

# Apresentação

Disciplinas que abordem o tema psicodinâmica da aprendizagem tornam-se cada vez mais relevantes nos cursos de formação de professores. Nesse contexto, esta obra procura disponibilizar teorias que enfatizam diferentes perspectivas, pois é fundamental a compreensão de como a criança desenvolve seu pensamento, de que estratégias faz uso na construção de seus conhecimentos e de que maneira essas estratégias se modificam no decorrer do seu desenvolvimento. As teorias, como um conjunto organizado de ideias que explicam e preveem o desenvolvimento infantil, são ferramentas indispensáveis nesse sentido, principalmente quando se pretende trabalhar com educação.

Para tanto, a obra está organizada em dez capítulos. O primeiro aborda as teorias do desenvolvimento e da aprendizagem nas perspectivas de teóricos como Freud, Piaget, Vygotsky e Wallon. O segundo capítulo aponta a aprendizagem como um objeto de estudo e perpassa assuntos como conceitos e fatores importantes na aprendizagem do sujeito. O terceiro trata da relação entre o componente fonológico da língua e a aprendizagem desta. As habilidades necessárias ao alfabetizando para a aprendizagem da escrita é o tema apresentado no quarto capítulo. O quinto capítulo apresenta a teoria das inteligências múltiplas de Howard Gardner, que surge como uma alternativa para explicar a inteligência entendida como uma capacidade inata, geral e única que possibilita ao sujeito um desempenho, maior ou menor, nas diferentes áreas de atuação.

O papel do professor em face do fracasso escolar é o assunto do sexto capítulo. Nele é apresentada a diferenciação entre fracasso escolar e dificuldade de aprendizagem, sem esquecer a dificuldade de "ensinagem". No sétimo capítulo, discute-se a importância do brincar e do jogar nos espaços escolares e sua relação com o processo de aprendizagem. O oitavo capítulo aborda as conexões de cultura, ambiente e mediação social presentes na aprendizagem e o papel do professor e do adulto na reconstrução de conceitos na visão de Vygotsky. O desenvolvimento da aprendizagem matemática enfatizando as questões numéricas é o assunto abordado no nono capítulo. Por fim, o décimo capítulo traz uma reflexão sobre a perspectiva teórico-metodológica da rede de significações e sua relação com a aceitação das diferenças.

Todos os capítulos possuem atividades que viabilizam a retomada dos conteúdos trabalhados, possibilitando a reflexão sobre eles.

Fica o convite a todos os leitores deste material a sentirem-se instigados em aprofundar seus conhecimentos e alçar voo a novas buscas em suas práticas pedagógicas.

*Maria da Graça Taffarel Krieger*

( 1 )

Teorias do desenvolvimento

*Maria da Graça Taffarel Krieger é graduada em Psicologia pela Universidade Luterana do Brasil (Ulbra), especialista em Educação Infantil e mestranda em Educação pela mesma instituição. Atua principalmente nos seguintes temas: família, vínculos, acolhimento, inclusão, aprendizagem e desenvolvimento humano.*

*Maria da Graça Taffarel Krieger*

Neste capítulo, iremos considerar alguns teóricos que são muito importantes no estudo dos processos de desenvolvimento e da aprendizagem: Freud, Piaget, Vygotsky e Wallon. Cada um deles contribuiu de forma significativa para o desenvolvimento e a aprendizagem e pontuou sobre aspectos diferenciados desses processos. Para auxiliar no entendimento da teoria de cada um deles, é fundamental que conheçamos um pouco de suas histórias de vida, pois, como dizia Freud (1969), originalmente publicado em 1905, "ensinamos o que sabemos e o que somos".

(1.1)
# Freud: uma breve retrospectiva histórica

Conforme Schultz (1992, p. 331), "o movimento psicanalítico que Sigmund Freud desenvolveu tem íntimas relações com sua própria vida e é, em larga medida, autobiográfica. Em consequência, conhecer a história de sua vida é fundamental para a compreensão de seu sistema".

Sigmund Freud (1856-1939) nasceu em Freiberg, na região da Morávia, Áustria. Aos 4 anos de vida, mudou-se para a Viena. Apesar de seus pais terem tido nove filhos, Freud era o filho preferido e eles depositaram nele as esperanças de um futuro brilhante, esforçando-se para que recebesse um ensino de qualidade. Freud, então, acalentou o desejo de se tornar um "grande homem", de ultrapassar os tempos e ter seu lugar marcado na história (Almeida, 2006, p. 8).

Para ele, o estudo representava a possibilidade de ascensão social e, por meio dele, acreditava que conseguiria superar as dificuldades econômicas vividas pela sua família.

Freud ingressou no liceu um ano antes do que era comum; era considerado um aluno brilhante e, aos dezessete anos, graduou-se com distinção. Não tinha certeza sobre a carreira a seguir, mas interessava-se pela civilização, pela cultura, pelas relações humanas e pela história militar. A teoria evolutiva de Darwin despertou nele o interesse pela abordagem científica do conhecimento. Decidiu, assim, com alguma hesitação, estudar Medicina (Schultz, 1992).

Como nos apresenta Almeida (2006), Freud ingressou na faculdade de Medicina de Viena em 1873. Já demonstrava, nessa época, ser um jovem brilhante e promissor.

Falava fluentemente inglês, francês, latim, grego e hebraico. Não desejava ser médico, mas entendia que o diploma o auxiliaria a consolidar sua carreira de pesquisador. Na universidade, queria estudar vários assuntos. Cursou cinco cursos de Filosofia e dedicava-se à leitura de clássicos da literatura como Goethe (autor muito citado em suas obras), Shakespeare, Schiller, entre outros. Desenvolveu uma grande amizade com o médico Josef Bauer, com o qual seguidamente discutia sobre seus pacientes. Um desses pacientes seria Ana O., cujo caso seria fundamental para o desenvolvimento da psicanálise.

Em 1885, Freud recebeu uma bolsa que lhe possibilitou passar algum tempo estudando em Paris com Jean Martin Charcot. Em uma recepção, Freud ouviu Charcot assegurar que as dificuldades de um paciente teriam base sexual. Para o futuro psicanalista austríaco, essa afirmação foi uma percepção estimuladora e fez com que ficasse atento às possibilidades de problemas sexuais em seus clientes (Almeida, 2006).

Freud gostava dos métodos de Bauer – a hipnose[a] e a catarse[b] – mas aos poucos foi concluindo que, apesar de a hipnose diminuir os sintomas, não parecia capaz de curar, o que o levou a abandonar a técnica mais tarde. O pensador austríaco, porém, manteve a catarse como método de tratamento, desenvolvendo, com base nela, a técnica mais significativa da psicanálise: a livre associação[c].

---

a. Hipnose: estado próximo do sono provocado por manobras de sugestão.

b. Catarse: terapêutica psicanalítica que busca o desaparecimento de sintomas pela exteriorização verbal.

c. Livre associação: o paciente é encorajado a falar abertamente, espontaneamente, dando vazão a qualquer ideia, por mais irrelevante ou tola que pareça.

Como afirma Shaffer (2005, p. 40):

> *É difícil pensar em um teórico que tenha tido tão grande impacto na cultura ocidental como Sigmund Freud [...] esse pensador revolucionário desafiou as noções prevalentes sobre a natureza humana ao propor que somos movidos por conflitos e motivos dos quais não sabemos e que nossa personalidade é moldada pelas primeiras experiências de vida.*

Com suas ideias revolucionárias, Freud conseguiu atingir seus objetivos de vida, construindo um conhecimento novo e marcando seu nome na história da humanidade.

## Freud e o desenvolvimento

Para Freud, o impulso sexual é central no processo de transformação do ser humano. É por meio da sexualidade, ou seja, da vivência do prazer, do desprazer e da curiosidade sexual que vamos nos desenvolvendo como pessoas.

A pulsão sexual amadurecia quando mudava seu foco de uma parte para outra do corpo, e cada mudança levava a uma nova fase do desenvolvimento psicossexual.

O Quadro 1.1 descreve, resumidamente, cada uma das cinco fases do desenvolvimento psicossexual propostas por Freud.

Quadro 1.1 – Fases do desenvolvimento psicossexual

| FASE PSICOSSEXUAL | IDADE | DESCRIÇÃO |
| --- | --- | --- |
| Oral | Do nascimento ao 1º ano | O instinto sexual concentra-se na boca. Os bebês obtêm prazer de atividades orais como sugar, mastigar e morder. |

*(continua)*

*(Quadro 1.1 – conclusão)*

| FASE PSICOSSEXUAL | IDADE | DESCRIÇÃO |
|---|---|---|
| Anal | De 1 ano a 3 anos | Urinar e defecar voluntariamente tornam-se os meios primários de gratificação para pulsão sexual. |
| Fálica | De 3 anos a 6 anos | O prazer agora vem da estimulação genital. A criança desenvolve um desejo incestuoso pelo progenitor do sexo oposto (complexo de Édipo). |
| Latência | De 6 anos a 11 anos | Traumas da fase fálica causam conflitos sexuais reprimidos e as pulsões são redirecionadas a trabalhos escolares e jogos. |
| Genital | De 12 anos em diante | A puberdade desperta novamente as pulsões sexuais. O adolescente deve agora aprender a expressar essas pulsões de maneira socialmente aceitável. |

FONTE: ADAPTADO DE KAPLAN; SADOCK; GREBB, 2003, P. 240.

Dessa forma, ao observarmos esse quadro, é possível compreendermos por que Freud tornou-se uma celebridade, uma vez que afrontou os procedimentos médicos do século XIX e criou métodos terapêuticos – como a livre associação – que são utilizados até os dias de hoje. Afirmou ainda que a criança possui sexualidade e que esta se desenvolve em cinco fases (oral, anal, fálica, latência e genital), bem como demonstrou que o comportamento humano é mais controlado pelo inconsciente do que pelo consciente.

## (1.2)
## Piaget: uma breve retrospectiva histórica

Jean Piaget (1896-1980) nasceu em Neuchatel, Suíça. Seu pai era professor de literatura medieval e sua mãe era doméstica. Desde muito jovem, mostrou seu interesse pela ciência. Aos 11 anos de idade, publicou um artigo sobre um pardal branco, o qual observara em um parque público, e este chamou a atenção por apresentar riqueza de detalhes. Foi precoce também em sua vida acadêmica, pois aos 22 anos de idade tornou-se doutor pela Universidade de Neuchatel. Mudou-se para Zurique, onde estudou Psicologia, Psicanálise e trabalhou na clínica de Eugen Bleuler.

Em 1925, a França era um destacado espaço intelectual, Piaget mudou-se para lá e trabalhou com Simon e Binet, psicólogos que estavam desenvolvendo testes de inteligência. O contato com esses testes possibilitou a Piaget certificar-se de que não era esse seu interesse de estudo. A questão que mais lhe chamava atenção e despertava interesse era: Como o ser humano constrói o conhecimento?

Em seus estudos, Piaget contou com o auxílio de sua esposa, a psicóloga Valentine Châtenay, com quem se casou em 1923. Eles tiveram três filhos, que foram participantes de suas pesquisas iniciais (Macedo, 2006).

Piaget iniciou seus estudos observando cuidadosamente seus próprios filhos: como eles exploravam seus novos brinquedos, resolviam problemas simples que ele lhes apresentava, e como, geralmente, passavam a entender a si mesmos e o mundo ao seu redor. Mais tarde, Piaget estudou grandes amostras de crianças (Shaffer, 2005, p. 218).

Piaget notou que o pensamento da criança era muito peculiar e acabou desenvolvendo o que conhecemos como *método clínico*, que consiste em um diálogo com a criança com base em situações-problema que, mais tarde, foram chamadas de *provas operatórias*.

De acordo com Papalia, Olds e Feldman (2000, p. 48), o método clínico de Piaget combinava observação e questionamento flexível. Para descobrir como as crianças pensavam, Piaget dava continuidade às respostas com mais perguntas.

Não interessava ao pensador suíço que as respostas dadas pelas crianças fossem corretas; o que o importava era como as crianças chegavam a essas respostas.

Dessa maneira, Piaget acompanhou os processos de pensamento das crianças observadas e, segundo Papalia, Olds e Feldman (2000), criou uma teoria abrangente de como o desenvolvimento cognitivo resulta numa capacidade crescente de adquirir e usar conhecimentos sobre o mundo.

Piaget chamou sua teoria de *epistemologia genética*, definida como o estudo da aquisição, modificação e desenvolvimento de ideias e capacidades abstratas sobre base de um substrato herdado ou biológico (Kaplan; Sadock; Grebb, 2003, p. 158).

## O processo cognitivo de Piaget

Piaget acreditava que todas as formas de entendimento são criadas com base em dois processos intelectuais inatos, os quais ele chamou de *organização* e *adaptação*.
Segundo Papalia, Olds e Felman (2000, p. 49),

> *A organização cognitiva é a tendência de criar sistemas de conhecimento cada vez mais complexos. Desde que nascem, as pessoas organizam o que conhecem por meio de representações mentais da realidade que as ajudam a*

*dar sentido a seu mundo. Dentro dessas representações encontram-se estruturas chamadas* esquemas: *padrões organizados de comportamento que uma pessoa usa para pensar e agir em uma situação.*

*Adaptação é o termo de Piaget para como uma pessoa lida com as novas informações. A adaptação envolve dois passos: (1) assimilação, tomar uma informação e incorporá-la em estruturas cognitivas existentes, ou formas de pensar, e (2) acomodação, mudar nossas ideias, ou estruturas cognitivas, para incluir um novo conhecimento. A assimilação e a acomodação trabalham juntas para promover o crescimento cognitivo.*

*A equilibração é uma busca constante de equilíbrio – um estado de equilíbrio entre a criança e o mundo exterior e entre as próprias estruturas cognitivas da criança A necessidade de equilíbrio leva uma criança a mudar da assimilação para a acomodação. Quando as crianças não podem manejar novas experiências com suas estruturas existentes, elas organizam novos padrões mentais, restaurando o equilíbrio.*

O Quadro 1.2 exemplifica o crescimento cognitivo, segundo Piaget.

Quadro 1.2 – *Crescimento cognitivo*

| CONCEITO DE PIAGET | DEFINIÇÃO |
|---|---|
| Equilibração | Harmonia entre os esquemas e as experiências do indivíduo. |
| Assimilação | Tentativa de adaptar as novas experiências pela interpretação destas de acordo com os esquemas existentes. |

*(continua)*

*(Quadro 1.2 – conclusão)*

| Conceito de Piaget | Definição |
|---|---|
| Acomodação | Modificação dos esquemas existentes para poder lidar melhor com as novas experiências. |
| Organização | Rearranjo dos esquemas disponíveis em estruturas cognitivas novas e mais complexas. |

Fonte: Adaptado de Shaffer, 2005, p. 221.

## Estágios do desenvolvimento cognitivo de Piaget

Segundo Piaget, citado por La Rosa (2003, p. 107), o desenvolvimento cognitivo é um processo que se realiza em todo o ser humano e tem um caráter sequencial, isto é, ocorre numa série de estágios, sendo cada um deles necessário. Isso quer dizer que cada um deles resulta, necessariamente, do precedente (exceto o primeiro) e, ao mesmo tempo, prepara o seguinte. Os quatro grandes estágios estão sempre presentes no desenvolvimento e numa ordem constante. São eles:

1. estágio sensório-motor (do nascimento aos 2 anos);
2. estágio pré-operacional (2 aos 7 anos);
3. estágio operacional-concreto (7 aos 11 anos);
4. estágio das operações formais (11 ou 12 anos em diante).

É importante enfatizar que Piaget não construiu uma teoria educacional. Sua teoria é sobre a construção do conhecimento, portanto, oferece subsídios para entender o trabalho educacional.

(1.3)
# Vygotsky: uma breve retrospectiva histórica

Conforme apontam van der Veer e Valsiner (2001), Lev Seminovich Vygotsky (1896-1934) nasceu em Orsha, cidade do interior da Rússia. Sua família era judia e apresentava boas condições financeiras. Seu pai era chefe de departamento de um banco e representante de uma companhia de seguros e sua mãe era professora. A família valorizava muito os estudos dos oito filhos, possibilitando-lhes o convívio com professores-tutores e acesso a uma ampla biblioteca. Foram perseguidos na Rússia por serem judeus e seus passos eram controlados pelo governo, podendo circular apenas por espaços delimitados.

Na história de Vygotsky houve revoluções e perseguições; essas vivências marcaram profundamente sua teoria, chamada *teoria histórico-cultural* ou *teoria sócio-histórica*.

Por sua excelente atuação escolar, recebeu medalha de ouro no ginásio. Os professores o reconheciam como um excelente leitor e estudioso de obras clássicas da literatura mundial. Em 1913, entrou para a Universidade de Moscou, onde cursou Direito. Mais tarde, graduou-se em História e Filosofia pela Universidade do Povo de Shanjavsky (van der Veer; Valsiner, 2001, p. 18).

Ainda segundo van der Veer e Valsiner (2001, p. 20),

*Os interesses de Vygotsky ampliaram neste período, incluindo problemas psicológicos e pedagógicos. Um curso sobre "A forma interna da palavra" [...] deve ter incentivado Vygotsky a uma sensibilidade para os aspectos psicológicos internos da linguagem. Por volta desta época, Vygotsky começou também a ler a literatura internacional disponível sobre psicologia.*

Em 1917, ano da Revolução Russa, Vygotsky voltou a Gomel, passou a lecionar e montou um laboratório para experimentos de psicologia. Começou, então, a unir psicologia com pedagogia, até porque lecionava para pessoas em formação profissional. Seus experimentos o tornaram personalidade importante na cidade.

Mudou-se para Moscou e iniciou seu trabalho no instituto de psicologia dessa cidade. Em seguida, juntaram-se à sua equipe Aleksander Luria e Aleksei Leontiev, colaboradores e seguidores de suas ideias.

Apesar de conhecido, Vygotsky enfrentou problemas quanto à publicação de suas obras, pois alguns de seus trabalhos continham sérias críticas ao governo.

Vygotsky acreditava na ação coletiva como transformadora das classes sociais e da pessoa. Seu objetivo era desenvolver uma psicologia que levasse em conta o social, a cultura, a coletividade, pois, para o pensador russo, não havia psicologia sem coletivo e a linguagem era entendida como a concretização dessa coletividade (van der Veer; Valsiner, 2001).

Vygotsky era contemporâneo de Piaget, mas morreu bem mais novo que ele.

Os objetivos de sua obra foram: a reformulação da teoria psicológica partindo da perspectiva marxista e o desenvolvimento de formas concretas para tentar solucionar alguns problemas práticos enfrentados pela União das Repúblicas Socialistas Soviéticas – URSS, tais como a psicologia da educação e a terapêutica. Portanto, podemos dizer que a busca constante de Vygotsky foi a formação do novo homem soviético (La Rosa, 2003, p. 126).

## Vygotsky e o desenvolvimento

Vygotsky (1989) afirmava que um comportamento só pode ser entendido se forem estudadas suas fases, suas mudanças e suas histórias, portanto, sua teoria embasava-se no estudo do processo e não do objeto.

Os três princípios que determinam a estrutura teórica do trabalho realizado por Vygotsky são: a) a crença no método genético e evolutivo; b) a tese de que os processos psicológicos superiores (comportamento que diferencia os seres humanos dos animais) têm sua origem nos processos sociais; c) a tese de que os processos mentais podem ser entendidos somente por meio da compreensão dos instrumentos e dos signos que atuam como mediadores. Esses três princípios só podem ser entendidos por meio da sua inter-relação (La Rosa, 2003, p. 127).

Papalia, Olds e Feldman (2000, p. 51) pontuam que o foco para Vygotsky seria a criança ativa, criadora de objetivos, num contexto sócio-histórico-cultural. Sua ênfase seria em como a interação social com os adultos pode realizar o potencial de aprendizagem da criança e que, nesse contexto, os adultos deveriam dirigir e organizar o aprendizado das crianças para que elas possam dominá-lo e internalizá-lo.

O conceito mais conhecido de Vygotsky é o de Zona de Desenvolvimento Proximal (ZPD), que é o espaço entre o desenvolvimento real (aquilo que a criança já sabe fazer sozinha) e o desenvolvimento potencial (aquilo que a criança pode fazer com ajuda), ou seja, é o espaço da possibilidade de aprendizagem.

Podemos concluir que, para Vygotsky, o desenvolvimento acontece por meio da aprendizagem. Nenhum autor salientou tanto a importância do professor, pois ele os colocava em uma posição especial no processo de ensino-aprendizagem, além de considerar as relações sociais entre os envolvidos nesse processo (aquele que aprende e aquele que ensina).

## (1.4)
## Wallon: uma breve retrospectiva histórica

Henri Wallon (1879-1962) nasceu em Paris, França, onde viveu toda sua vida. Membro de uma família tradicional republicana e universitária, deve a ela seu interesse pela coletividade e pela justiça social. Wallon formou-se em Filosofia e Medicina e, após sua formatura, foi trabalhar como médico no exército francês, atendendo pacientes feridos de guerra, especialmente aqueles com lesão cerebral. A partir dessa experiência, Wallon repensou a neurologia e começou a ocupar-se da psicologia, em especial da psicologia da criança (Galvão, 2000).

Suas hipóteses foram construídas com base em suas experiências na guerra e suas vivências em instituições psiquiátricas, onde fundamentou sua ideia de que as emoções constituem o ser humano.

### Wallon e o desenvolvimento humano

Wallon buscava entender a criança contextualizada, situada em seu meio. Trabalha com a criança real, vista em seu ambiente concreto e não com uma criança idealizada. Para esse pensador, não existe um modelo único de criança, no qual se encaixe toda a população infantil. Critérios como idade, níveis maturacionais, dependência do adulto e outros, separados da realidade social, são insuficientes para se compreender a criança. O autor pontua que, numa sociedade de classes, a criança tem de ser compreendida por meio de sua posição de classe social.

Wallon reforça a importância de atentarmos ao fato de que não há uma população homogênea. Portanto, ao estudarmos a criança, devem ser investigados alguns fatores: Quem é, verdadeiramente, essa criança? Como ela distribui seu tempo? Quais são suas atividades e responsabilidades cotidianas? Frequenta escola? Por quanto tempo? Qual é sua função e qual é o espaço que ocupa no meio familiar? (Brêtas, 2000).

## A gênese dos processos psíquicos para Wallon

O processo de desenvolvimento psicológico infantil não é encarado como algo linear, rígido, fixado entre imutáveis limites temporais e nem como um progresso puramente quantitativo. É uma construção que se dá ao longo do tempo, cujo resultado final é a personalidade do sujeito. Para compreendê-la, deve-se buscar sua origem num estudo global e abrangente da criança (Brêtas, 2000, p. 36).

Não se pode encarar a criança independentemente do meio em que se opera o seu crescimento e que sobre ela atua desde que nasce. O universo a que a criança deve adaptar-se e sobre o qual modela a sua atividade e as suas impressões não é uma espécie de universo em si, invariável e eterno; é o conjunto dos objetos próprios da época: o berço, a chupeta, as roupas, a luz artificial; mais tarde, os móveis, cujas estruturas manipula, os instrumentos que lhe criam hábitos ou que a ensinam a dar forma às coisas; as instituições em que se insere a sua existência. E também as técnicas da linguagem, da explicação, da compreensão que regulam os seus pensamentos e lhe impõem, por meio dos quadros conceptuais ou lógicos, o delineamento das forças e dos objetos que povoam o mundo posto hoje à sua disposição por milênios de civilização, de elaboração material e mental (Wallon, 1973, p. 106).

Nessa perspectiva, o desenvolvimento não é homogêneo e divide-se em etapas que, mesmo sendo subsequentes, podem aparentar oposição (Wallon, 1973). Em cada uma das idades da infância, a criança estabelece um tipo de relação com o meio ambiente que é ditado pelo tipo de recurso de que ela dispõe naquele período. Esse meio não é uma entidade estática, mas modifica-se juntamente com a criança.

Para Brêtas (2000, p. 36), na psicogenética walloniana, os fatores biológicos são responsáveis pela sequência e pela regularidade entre os estágios, mas a duração de cada um será determinada pelos fatores sociais. Portanto, a relação com o outro terá importância primordial nesse processo. É a outra pessoa, representante da cultura, que interage com o bebê, ensinando-o e, portanto, humanizando-o. "O *socius* ou o outro é um parceiro perpétuo do eu na vida psíquica" (Wallon, 1979, p. 156).

Segundo Wallon (1979), a atividade infantil se distribui em campos funcionais que são a motricidade, a cognição e a afetividade. Na descrição dos estágios, pode-se observar a importância fundamental do movimento corporal e da presença do outro, representante da cultura, na constituição do sujeito social.

Os estágios de desenvolvimento na perspectiva walloniana são, segundo Galvão (2000), os seguintes:

- IMPULSIVO-EMOCIONAL: estágio do primeiro ano de vida no qual predominam as emoções. É por meio das emoções, expressas e visíveis ao outro, que o adulto pode inferir se o bebê está bem ou não. A emoção é instrumento privilegiado de interação da criança com o meio.

- SENSÓRIO-MOTOR E PROJETIVO: estágio típico entre 1 a 3 anos, em que há predomínio da cognição. A aquisição da linguagem social e da marcha permite à criança maior autonomia. Nessa fase, ela passa a interagir com o meio através da linguagem e é capaz de explorar o ambiente de forma mais eficiente.
- PERSONALISMO: estágio típico entre 3 a 6 anos. É nesse estágio que a criança constrói a noção de si.
- CATEGORIAL: estágio típico entre 6 a 12 anos, em que predomina a cognição, pois nesse estágio a criança já se definiu como pessoa e demonstra interesse em descobrir o mundo.
- PREDOMINÂNCIA FUNCIONAL: estágio típico da adolescência; nele, os hormônios provocam mudanças no corpo e na voz. As mudanças corporais resultam em mudanças na percepção de si.

Para a psicogenética walloniana, no processo de desenvolvimento psicológico infantil, pode-se perceber que, às habilidades recentes, sobrepõem-se outras que, sempre com base na referência dada pelo outro, constituem o todo que é a personalidade. No adulto, não podemos separar emoções, razão e movimento. Para Wallon (1979), no processo de construção do sujeito, não há déficits, há diferenças que só poderão ser compreendidas por meio de uma análise da criança contextualizada. Desse modo, podemos ver nesses estágios um importante auxílio para uma melhor compreensão da criança e seu desenvolvimento.

( . )
# Ponto final

Neste capítulo, revimos os principais teóricos que trabalharam com os processos de desenvolvimento e aprendizagem da criança: Freud, Piaget, Vygotsky e Wallon. Vimos também o quanto a teoria de cada um deles contribuiu diferentemente para o desenvolvimento e a aprendizagem da criança, pois cada um estudou aspectos específicos desses processos.

## Atividade

1. Relacione as características ao teórico correspondente:
   ( 1 ) Sigmund Freud
   ( 2 ) Henri Wallon
   ( 3 ) Jean Piaget
   ( 4 ) Lev Vygotsky

   ( ) Acompanhou os processos de pensamentos das crianças observadas e criou uma teoria abrangente que descreve o desenvolvimento cognitivo como capacidade crescente de usar os conhecimentos adquiridos sobre o mundo.
   ( ) Acreditava na ação coletiva como transformadora das classes sociais e da pessoa. Seu objetivo era que se levasse em conta o social, a cultura, a coletividade, pois entendia que não havia psicologia sem o coletivo. Além disso, entendia a linguagem como a concretização dessa coletividade.

(   ) Chocou a sociedade da época com sua afirmação de que a criança possuía sexualidade e a desenvolvia ao longo dos anos.

(   ) Entende a criança contextualizada, situada em seu meio. Para ele, não existe um modelo único de criança na qual se encaixe toda a população infantil. Pontua que a criança deve ser compreendida por meio de sua posição de classe social, pois ela pertence a uma sociedade de classes.

( 2 )

Aprendizagem:
um objeto de estudo

*Maria da Graça Taffarel Krieger*

A aprendizagem é um processo que se inicia no nascimento e perdura durante toda a vida do ser humano, o que significa que em qualquer situação o indivíduo está aprendendo, e que a cada aprendizagem ele varia seu comportamento. Há vários ambientes que possibilitam aprendizagens. Entre eles, citamos os ambientes informais, onde provavelmente acontece a maioria dos processos de aprendizagem, pois, nesses ambientes, ocorre uma grande quantidade de experiências e situações sem programação prévia, sem planejamento. No entanto, não podemos ignorar as aprendizagens formais, que se dão em ambientes estruturados e planejados onde se encontram o professor, de um lado, e o aprendente, de outro. É por meio da aprendizagem que o ser humano modifica o mundo em que vive. Neste capítulo, abordaremos os conceitos de aprendizagens sob o olhar de diferentes teóricos, a importância da aprendizagem na vida humana, os processos de aprendizagem, as condições necessárias para que as aprendizagens ocorram e algumas linhas teóricas da aprendizagem.

## (2.1)
## Algumas teorias sobre aprendizagem

Veremos algumas teorias da aprendizagem que se encontram presentes nas práticas educativas atuais surgidas a partir das ideias de teóricos como Watson, Skinner, Bandura.

### O behaviorismo de Watson

Conforme Watson, citado por Shaffer (2005, p. 82), não há nada parecido com capacidade, talento, temperamento, constituição mental e características comportamentais herdadas, o que podemos perceber na seguinte passagem:

> Dê-me uma dúzia de bebês saudáveis, bem formados e em um mundo específico em que irei criá-los. Garanto que irei selecioná-los aleatoriamente e treiná-los para serem qualquer tipo de especialistas que eu determinar – médicos, advogados, artistas, comerciantes, chefes e até mesmo ladrões e

*trapaceiros, independentemente de seus talentos, tendências, habilidades, vocações e raça de seus ancestrais.*

Assim como John Locke, Watson via as crianças como uma tábula rasa a ser impressa pelas experiências. Entendia que as crianças não possuíam características inatas e que elas se tornariam ou seriam resultado do ambiente onde fossem criadas. Watson afirmava, ainda, que os pais são responsáveis por aquilo que seus filhos se tornarão.

## *A teoria de aprendizagem de Skinner*

Por sua pesquisa com animais, o psicólogo americano Skinner (1904-1990) veio a entender uma forma de aprendizagem considerada por ele como a base de formação da maioria dos hábitos. O autor propôs que tanto animais quanto seres humanos repetem os atos que levam a resultados favoráveis e suprimem aqueles que produzem resultados desfavoráveis (Shaffer, 2005, p. 45).

Entre os pontos fundamentais dessa teoria de aprendizagem, está o CONDICIONAMENTO OPERANTE – o indivíduo aprende por meio das consequências de "operar" no ambiente. Skinner formulou suas teorias por meio de estudos feitos com ratos e pombos em laboratório.

## *A teoria sociocognitiva de Bandura*

A TEORIA SOCIOCOGNITIVA OU TEORIA DA APRENDIZAGEM SOCIAL sustenta que a criança aprende comportamentos sociais observando e imitando modelos. Os teóricos da aprendizagem social afirmam que a criança também atua sobre o ambiente onde está inserida. Pontuam ainda que a aprendizagem humana é mais complexa que o condicionamento, pois reconhecem a importância da cognição.

A teoria da aprendizagem social reconhece a importância da cognição. Ela sustenta que a resposta cognitiva das crianças às suas percepções, mais do que uma resposta reflexa ao reforço ou ao castigo, é fundamental para o desenvolvimento (Papalia; Olds; Feldman, 2000, p. 47).

O ponto importantíssimo da teoria da aprendizagem social é a observação e a imitação de modelos, ou seja, a APRENDIZAGEM OBSERVACIONAL, em que a criança adquire novas habilidades por meio da observação que faz dos outros.

(2.2)
## Conceitos de aprendizagem

Muitos autores buscaram conceituar aprendizagem e todos, de alguma forma, relacionam aprendizagem a mudança de comportamento observável. Vejamos algumas definições de aprendizagem sob a perspectiva de vários teóricos.

A aprendizagem é o processo pelo qual nossas experiências produzem mudanças relativamente permanentes em nossos sentimentos, pensamentos e comportamentos (Shaffer, 2005, p. 2).

Segundo Campos (1986, p. 30), "a aprendizagem pode ser definida como uma modificação sistemática do comportamento, por efeito da prática ou da experiência. com um sentido de progressiva adaptação ou ajustamento".

A aprendizagem é inferida quando ocorre uma mudança ou modificação no comportamento, alteração que permanece por períodos relativamente longos durante a vida do indivíduo (Cagné, 1980, p. 6).

O processo de aprendizagem pode ser definido como uma mudança no comportamento que resulta tanto da prática quanto da experiência anterior (Kaplan; Sadock; Grebb, 2003, p. 91).

Aprender é uma atividade que ocorre dentro de um organismo e que não pode ser diretamente observada; de forma não inteiramente compreendida, os sujeitos da aprendizagem são modificados: eles adquirem novas associações, informações, *insights*, aptidões, hábitos e semelhantes (Davidoff, 1984, p. 158).

Algumas mudanças no ser humano ocorrem independentemente da aprendizagem, podendo ser resultantes de processos maturativos. Como ressalta Shaffer (2005, p. 2), a maturação corresponde ao desenvolvimento biológico do indivíduo de acordo com um plano contido em seu código genético – material genético passado pelos pais aos filhos na concepção. Como nos lembra La Rosa (2003, p. 26), algumas mudanças se devem a disfunções do organismo, como doenças, fadiga, estresse, ou a dificuldades psicológicas, como neurose, apatia, indiferença etc.

## (2.3)
## Fatores importantes na aprendizagem

Veremos, agora, alguns fatores importantes a serem observados pelos educadores e que são de grande importância para que as aprendizagens aconteçam.

## A memória

A base neurobiológica para a aprendizagem localiza-se nas estruturas do cérebro envolvidas na formação e armazenamento das informações. A aprendizagem começa com a captação de um estímulo ambiental pelos sentidos, que é transformada em um traço ou elo de memória (Kaplan; Sadock; Grebb, 2003, p. 196).

Segundo Kaplan, Sadock e Grebb (2003), o armazenamento é a chave para uma boa memória. O estabelecimento de relações com algo já conhecido cria mais trajetos e aumenta o poder de armazenamento.

Daí a importância de os aprendizados terem significado na vida do indivíduo. Portanto, a estratégia do professor em sala de aula é primordial, pois quanto mais adequada ela for ao aprendiz, maior a possibilidade de este vislumbrar a significação do que é proposto a ele.

A memória é conceituada por Coll, Marchesi e Palácio (2004, p. 83) como um processo reconstrutivo por meio do qual se recupera a informação já construída, que foi se integrando aos esquemas prévios na fase de aprendizagem.

A memória é dividida em memória de curto e longo prazo. Elas diferem na quantidade de informações que podem ser guardadas. A memória de curto prazo é limitada (cinco a nove elementos de informação) (Kaplan; Sadock; Grebb, 2003, p. 170).

O humor do indivíduo afeta seu aprendizado e a memorização do conteúdo. O aprendizado adquirido quando o indivíduo está de bom humor aumenta a memória, pois a aprendizagem e a memória são afetadas pelo estresse que, em nível elevado, inibe o aprendizado.

*Motivação*

A motivação é um estado de espírito que produz uma tendência em direção a algum tipo de ação. Na mediação da aprendizagem e da percepção, os mecanismos biológicos exercem um papel importante no comportamento de motivação (Kaplan; Sadock; Grebb, 2003, p. 170).

Para que as aprendizagens ocorram, é necessário um estado de alerta, impulso, desejo de aprender, ou seja, é preciso que haja motivação. Os professores devem propiciar momentos que favoreçam o envolvimento do aprendiz na situação de aprendizagem.

(2.4)
# Processos de aprendizagem

Como já afirmamos anteriormente, a capacidade de aprender do ser humano está presente desde o seu nascimento. Aprender é um fenômeno diário que não se limita ao espaço da sala de aula. A aprendizagem evolui à medida que o ser humano amadurece seu sistema nervoso e suas estruturas cerebrais.

É um processo contínuo, pois, independentemente da idade da pessoa e da fase de vida em que esta se encontre, existem sempre novas coisas a aprender. Podemos dizer que a aprendizagem é um processo pessoal, pois cada aprendizagem dependerá do investimento, do esforço, da capacidade de cada um e, também, das condições do meio, que pode possibilitar ou bloquear novas conquistas.

É preciso que se leve em conta que cada ser humano tem seu tempo próprio para aprender e que as aprendizagens integram-se umas às outras, ou seja, uma nova aprendizagem se combina a outra, caracterizando-se como um enfoque interativo-cumulativo.

De acordo com Stenberg (1992, p. 247),

> *a instrução, em geral, baseia-se maciçamente no uso de analogias e exemplos para ajudar o aprendiz a estabelecer conexões com estruturas de conhecimento já disponíveis. Entretanto, a fim de obter vantagens da analogia, o aprendiz deve ser capaz de distinguir entre relações relevantes e irrelevantes.*

La Rosa (2003, p. 32) afirma que as aprendizagens ocorrem sempre na vida do homem, porém existem algumas condições que podem favorecê-las ou inibi-las, como as físicas, as psicológicas, as ambientais e as sociais. Detalharemos cada uma delas, seguindo as especificações do referido autor.

## *Condições físicas*

Segundo La Rosa (2003, p. 32), as CONDIÇÕES FÍSICAS seriam as condições orgânicas favoráveis, inclusive a maturação. Por *maturação*, descreve o autor, entendam-se condições de amadurecimento físico/psicológico que permitam a realização de determinadas aprendizagens.

Embora a escola formal agrupe as crianças por faixa etária semelhante, presumindo que apresentem certas características comuns, na maioria das vezes essa suposição tem se mostrado ilusória.

## *Condições psicológicas*

As CONDIÇÕES PSICOLÓGICAS da aprendizagem dizem respeito à motivação do indivíduo, ou seja, à forma como este se mobiliza e direciona sua ação na aprendizagem. Sendo a motivação um processo interno e constituindo-se em uma resposta pessoal do indivíduo ante determinada situação, está também na dependência (especialmente em alunos mais novos) do incentivo propiciado pelo professor (La Rosa, 2003, p. 33).

De acordo com Lane e Codo (1993, p. 160), "o desafio ao educador está em criar formas de trabalho pedagógico, isto é, ações concretas, através das quais se efetue a mediação entre o saber escolar e as condições de vida e de trabalho dos alunos".

Para La Rosa (2003, p. 34), a motivação decorre de um processo de desequilíbrio no interior do organismo. Nesse caso, a solução para esse desequilíbrio significa a ação do sujeito em busca do objetivo: quando o objetivo a ser alcançado situa-se a curto prazo, a motivação tende a ser intensa; já objetivos a longo prazo amortecem a motivação, pela distância existente entre o indivíduo e sua meta.

O mesmo autor relata sobre os dois tipos de motivação — intrínseca e extrínseca — e ressalta que ambas se desenvolvem dentro do sujeito.

A MOTIVAÇÃO INTRÍNSECA é direcionada para a competência e a habilidade, sendo aquele impulso que leva o indivíduo ao desenvolvimento. Baseia-se no entendimento de que alcançar o objetivo resultará em maior capacitação do ser humano e tem o objetivo de estimular o prazer pela tarefa. Valoriza principalmente a aprendizagem, a progressão pessoal e a competência.

Já a MOTIVAÇÃO EXTRÍNSECA é direcionada para o ego e o resultado. Vai se desenvolver por uma condição social externa e o objetivo alcançado será algo mais relacionado ao social.

Ainda dentro de condições psicológicas, é oportuno ressaltar que o funcionamento adequado do sistema nervoso, a vivência emocional equilibrada, bem como o funcionamento estável das glândulas endócrinas podem propiciar condições favoráveis de aprendizado.

## Condições ambientais

As situações ambientais favoráveis influem na aprendizagem. Dessa forma, um ambiente adequado, reforçador, com boas condições de acomodação física, além de temperatura, iluminação e ventilação agradáveis, tendem a favorecer as aprendizagens.

## Condições sociais

Em qualquer situação que viva, o ser humano tem sempre presente o contexto social, sendo este de muita importância para sua integração. Entre as situações do contexto social relevantes, pode-se citar o que em psicologia se chama de *facilitação social*: a integração no trabalho comum estimula, de forma geral, que pessoas, vendo outras trabalharem na mesma tarefa, se sintam mais motivadas e consigam também realizá-la.

Outro aspecto importante, quando se fala em condições sociais de aprendizagem, refere-se à competição e à cooperação. Competição é um padrão de comportamento integrado em nossa cultura, visto que o ser humano é um ser competitivo por natureza. Conforme La Rosa (2003), existem, basicamente, três tipos de competição:

1. pessoa × pessoa — que deve ser evitada;
2. grupo × grupo — bom para uso eventual;
3. ego envolvimento – é o melhor tipo de competição porque envolve o indivíduo como um todo; significa aceitar o desafio consigo mesmo.

Quando se fala de situação de sala de aula e competição, é importante ressaltar que esta, quando usada com moderação e coerência, às vezes, pode ser uma boa técnica para mobilização dos alunos em atividades de aprendizagem.

Porém, a melhor forma de manipular condições sociais para aprendizagem é por meio da cooperação. *Cooperação* significa o trabalho conjunto, interativo, em que os benefícios pessoais e grupais são comuns. A cooperação tem se mostrado uma forma de trabalho mais eficaz quando utilizada com grupos homogêneos, autoescolhidos, entre elementos que se conhecem e com alunos mais velhos, visto que apresentam maior nível de consciência social (La Rosa, 2003, p. 35).

( . )

## Ponto final

No presente capítulo, aprofundamos nossos conhecimentos sobre aprendizagem. Revimos algumas das mais importantes abordagens teóricas sobre esse tema, pontuamos alguns fatores que devem ser observados para que as aprendizagens ocorram, os contextos onde elas podem acontecer e as condições favoráveis necessárias para que se realizem.

## Atividade

1. Como vimos neste capítulo, as condições ambientais favorecem e influenciam as aprendizagens. Com base nessa premissa, imagine e descreva um ambiente e uma atividade a ser desenvolvida.

# ( 3 )

A relação entre o
desenvolvimento fonológico
e a aprendizagem da leitura

*Katia Cilene da Silva é graduada em Fonoaudiologia pela Faculdade de Nutrição e Fonoaudiologia do Instituto Metodista de Educação e Cultura (Imec), atual Centro Universitário Metodista IPA, e licenciada em Pedagogia – Magistério da Educação Infantil e Séries Iniciais – pela Universidade Luterana do Brasil (Ulbra). É especialista em Psicomotricidade Relacional: Educação Psicomotora e Psicopedagogia Clínica e Institucional pelo Centro Universitário La Salle (Unilasalle) e em Educação pela Faculdade Rio Claro. É também mestranda em Educação pela Ulbra. Tem experiência no atendimento clínico, atuando com pessoas com déficit intelectual associado ou não a outra deficiência.*

*Katia Cilene da Silva*

Sabemos que as aprendizagens da leitura e da escrita estão intrinsecamente relacionadas à presença de fatores orgânicos e funcionais, como, por exemplo, o desenvolvimento da linguagem oral, o processamento fonológico, auditivo e visual, a consciência fonológica, a atenção, a memória auditiva e visual, além dos fatores ambientais, afetivos e emocionais envolvidos nesse processo. No presente capítulo, abordaremos a relação entre o componente fonológico da língua e a aprendizagem da leitura.

Inicialmente, abordaremos a aquisição do sistema fonológico do português brasileiro. A partir desse ponto, levaremos para discussão e apreciação do educador a temática da relação entre a consciência fonológica e a aprendizagem da leitura, bem como descreveremos as fases de aquisição dessa aprendizagem e como buscar formas e alternativas de auxílio para o aluno com dificuldades nessa área.

## (3.1)
## Sobre a aquisição do sistema fonológico do português brasileiro

O sistema fonológico de uma língua pode ser entendido, de modo geral, como sendo o conjunto de sons que "os falantes" de determinada língua têm de aprender ou internalizar, a fim de utilizá-la para a comunicação.

O desenvolvimento do sistema fonológico acontece desde o nascimento. Segundo Zorzi e Capellini (2008, p. 135), são as experiências vivenciadas por uma criança durante o primeiro ano de vida que a preparam, tanto do ponto de vista perceptual como motor, para a aquisição das primeiras palavras. Normalmente, as crianças apresentam uma excelente capacidade de discriminação dos sons da fala desde muito cedo. Por exemplo: bebês são capazes de imitar a fala (vogais) por volta de 12 semanas de idade. Essa tendência de imitação também aparece na reprodução dos movimentos faciais, demonstrando a grande capacidade das crianças de focalizarem a atenção para o mundo da fala da sua comunidade.

Na concepção dos referidos autores, as primeiras palavras são representadas globalmente, ou seja,

> *quando pronunciadas não se apresentam na forma de fonemas isolados, articulados um a um, como se fossem unidades autônomas. Os fonemas[a] são pronunciados por agrupamentos que constituem as sílabas e estas, por sua vez, são produzidas em uma rápida sequência encadeada, dando um contorno global para a palavra à medida que se funde ou reúne numa espécie de bloco único os elementos que a constituem.* (Zorzi; Capellini, 2008, p. 179)

É com o aumento do vocabulário que surge a necessidade de acomodar um número cada vez maior de palavras fonologicamente semelhantes, fato que implica uma organização do léxico[b] cada vez maior. Os autores ainda explicam que os fonemas não são elementos explícitos da fala, mas implícitos, como se fizessem parte da intimidade desta. A fim de exemplificar tal afirmação, Zorzi e Capellini (2008) usam uma linguagem figurada, ao estabelecerem uma comparação entre a pele e as palavras. Nessa concepção, os fonemas são comparados às células que compõem a pele. Todos somos capazes de ver a pele como um todo, mas não podemos ver cada uma das células que a constituem. A mesma coisa acontece com as palavras. O fonema, portanto, é uma espécie de elemento oculto e, para que possa ser descoberto pelo sujeito, é preciso que aconteça o aprimoramento gradativo da coordenação gestual, a fim de que a criança comece a produzir sons-alvos com movimentos articulatórios cada vez mais precisos.

---

a. Fonema: menor unidade sonora da língua.
b. Léxico: acervo de palavras de determinado idioma.

Por meio do referencial teórico abordado, verificamos que a apropriação e o aprimoramento do sistema fonológico pressupõem, portanto, a integridade do circuito funcional[c] para a produção de fala, envolvendo as habilidades de percepção, codificação, o planejamento fonológico e, finalmente, a execução motora.

Observamos que, embora existam controvérsias sobre a idade em que a criança completa o sistema fonológico no português brasileiro (PB), resultados de estudos recentes revelam que o desenvolvimento fonológico deve estar praticamente completo aos 5 anos.

Citamos, como exemplo, o trabalho de Santini (1996), que buscou determinar o percentual de produção correta de cada som consonantal[d] do PB nos diferentes grupos etários. Após testar 192 crianças na cidade de São Paulo, com desenvolvimento típico, na faixa etária entre 2 anos e 6 anos e 11 meses, a pesquisadora constatou que o desenvolvimento fonológico mostrou-se essencialmente completo a partir do grupo de 4 anos. A ordem geral dos sons encontrados, no referido período, pode ser descrita da seguinte maneira:

- aos 4 anos, a maioria das crianças produziu as consoantes 75% corretas; observando que as consoantes

---

c. Circuito funcional: referente à noção da organização do sistema nervoso que otimiza os trajetos para as diferentes funções mentais superiores. Nesse caso, o enfoque é nas habilidades de percepção, codificação, planejamento fonológico e, finalmente, execução motora.

d. O som das consoantes está representado entre colchetes e a simbologia utilizada é do Alfabeto Fonético Internacional (IPA).

surdas[e] foram pronunciadas mais adequadamente do que as sonoras[f];
- os primeiros sons adquiridos antes dos 3 anos incluem: [p], [t], [k], [m], [n], [ɲ][g], [f], [tʃ][h] e [l];
- os sons intermediários adquiridos entre 3 e 4 anos foram: [b], [d], [g], [v] e [x][i];
- os sons finais adquiridos após os 4 anos foram: [z], [s], [ʃ][j], [ʎ][k], [dʒ][l] e [r].

Sobre a aquisição das líquidas no português ([l], [ʎ], [r], [x], [r]), segundo Mezzomo e Ribas (2004), esse processo acontece de maneira intercalada entre as líquidas laterais ([l], [ʎ]) e não laterais ([r], [x]). A primeira líquida a se estabilizar no sistema fonológico da criança é o [l], aos 3 anos, seguida do [x] aos 3 anos e 4 meses e do [ʎ] aos quatro anos. O [r] é a última líquida a se estabilizar, o que parece ocorrer por volta dos 4 anos e 2 meses. No entanto, é comum a criança apresentar dificuldades nos encontros consonantais até os 5 anos de idade.

Acrescentamos que, segundo Mezzomo e Ribas (2004), o encontro consonantal, a estrutura silábica (consoante/vogal/consoante – CVC), que envolve as consoantes

---

e. Consoantes surdas: são aquelas "letras" que, ao serem produzidas através da fala, não provocam a vibração das pregas vocais. Ou seja, o sujeito não sente vibrações na laringe ao produzi-las. Ex.: [p]; [f]; [k].

f. Consoantes sonoras: são aquelas que, ao serem pronunciadas, exigem a vibração das pregas vocais. Ou seja, o sujeito sente vibração na laringe. Ex.: [v], [B], [g].

g. Corresponde ao /nh/.

h. Corresponde ao som de /ti/.

i. Corresponde ao erre forte /R/.

j. Corresponde ao som da letra /x/.

k. Corresponde ao som da letra /lh/.

l. Corresponde ao som da letra /d/ acompanhado da vogal /i/.

líquidas [r] ou [l], é a última estrutura a alcançar a estabilidade dentro do sistema fonológico da criança, devendo surgir por volta dos 5 anos, praticamente um ano após a aquisição de todas as consoantes.

Após conhecermos como se dá o processo de aquisição do sistema fonológico pela criança, perguntamos: O que vem a ser a *consciência fonológica*? Por que a consciência fonológica é importante para a aprendizagem da leitura? Essas perguntas serão o ponto de partida para o próximo item a ser desenvolvido.

# (3.2)
# A consciência fonológica e a aprendizagem da leitura

A leitura apresenta-se como um grande desafio para as crianças que estão construindo o processo de alfabetização e pode ser considerada uma das habilidades fundamentais para todo processo educacional.

Partindo do princípio de que nossa escrita tem por base o sistema alfabético, fazemos nossas as palavras de Zorzi (2008, p. 48) quando este afirma: "quanto mais a criança compreender a respeito das relações entre letras e sons, melhor poderá ser o resultado em termos de competências para ler". Tal habilidade está diretamente relacionada ao nível de consciência fonológica do sujeito, pois esta nada mais é do que a habilidade de o sujeito perceber que a língua falada pode ser segmentada em unidades distintas, ou seja, a frase pode ser segmentada em palavras; as palavras, em sílabas; e as sílabas, em fonemas. Assim como também deve compreender que essas mesmas unidades repetem-se em diferentes palavras faladas.

Aprender a ler exige que o sujeito seja capaz de transformar as letras nos respectivos sons correspondentes, respeitando o sentido da esquerda para a direita; ele deve também ser capaz de sintetizar ou reunir tais sons em sílabas e estas em palavras. Esse processo, segundo Zorzi (2008, p. 48), é denominado *decodificação* ou *identificação de palavras*. É a partir da identificação da palavra que o leitor tem a possibilidade de acessar o significado que ela representa. Logo, a criança percorre um longo caminho até apropriar-se da leitura, que se inicia no processo de decodificação chegando até a compreensão.

Abordaremos, a seguir, as diferentes fases de aquisição do aprendizado da leitura.

## (3.3) As diferentes fases do aprendizado da leitura

A descrição das fases da leitura, segundo Zorzi e Capellini (2008, p. 187), revelam diferentes etapas desse conhecimento denominado *metalinguístico*. A seguir, apresentaremos respectivamente: a fase logográfica, a fase alfabética e a fase ortográfica.

A FASE LOGOGRÁFICA pode ser caracterizada, segundo Zorzi e Capellini (2008, p. 187), como sendo aquela na qual o sujeito reconhece um conjunto de palavras que, em geral, lhe são familiares e que acabam sendo memorizadas devido à grande frequência de contato. Consequentemente, essas palavras acabam sendo reconhecidas toda vez que são reencontradas. Essa "leitura" acontece com base na memória visual.

Como mencionamos anteriormente, nessa etapa, o reconhecimento acontece sobre a palavra como um todo, como se ela fosse uma figura que recebe determinado nome. Nessa fase, o sujeito não faz uma correspondência entre fonemas e grafemas. A capacidade de "leitura", segundo os referidos autores, vai depender do número de palavras formadas pelo acervo visual. Salientamos mais uma vez que, nessa etapa, as palavras são consideradas como um todo, inexistindo procedimentos de segmentação em unidades menores.

Na FASE ALFABÉTICA, observamos a presença de uma forma diferente de leitura. De acordo com Zorzi e Capellini (2008, p. 18), essa fase pode ser caracterizada como a etapa em que o sujeito começa a estabelecer a relação fonema-grafema, ou seja, ela é marcada pelo fato de o sujeito começar a compreender o papel das letras na constituição das palavras, passando a atribuir valores sonoros a elas. Para que isso ocorra, há necessidade de ativação de processos fonológicos que permitam a correspondência fonemas-grafemas.

Ainda na concepção dos mesmos autores, somente uma interação nesse nível garante a leitura de qualquer palavra, por menos familiar que ela possa ser. Zorzi e Capellini (2008, p. 188) explicam que, ao proceder à leitura de uma palavra nova, por não conseguir reconhecê-la como um todo, a criança precisará ativar mecanismos de segmentação da palavra impressa, passando a identificar letra por letra, ou sílaba por sílaba, e a atribuir a cada um desses segmentos visuais determinado valor sonoro. Assim sendo, letras são transformadas em sons, que também se destacam uns dos outros.

O procedimento agora necessário é o de síntese desses elementos sonoros, juntando-os em sílabas e estas em palavras.

Segundo os próprios autores, o processo anteriormente descrito pode ser resumido da seguinte maneira: no primeiro momento, a palavra é vista como um todo; no segundo momento, o sujeito faz a segmentação visual da palavra, por separação de suas partes (letras ou sílabas); no terceiro momento, o sujeito busca a correspondência ou faz transformação das letras em sons; no quarto momento, é realizada a manutenção, na memória de curto prazo, da sequência de sons já obtidos; no quinto momento, o sujeito realiza a síntese do conjunto de sons em sílabas e das sílabas, em palavras, agora de natureza oral; no sexto e último momento, o sujeito busca na memória os possíveis significados.

O processo anteriormente descrito foi apresentado de forma fragmentada para que o leitor possa compreender melhor o processo de aprendizagem da leitura. Na prática, o bom leitor não percebe que transita por todas essas etapas.

Acrescentamos que, segundo Zorzi e Capellini (2008, p. 188), à medida que exercita a leitura, o indivíduo aprimora o processo de decodificação e desenvolve habilidades que lhe possibilitam reconhecer partes cada vez maiores das palavras (sílabas e morfemas). É dessa forma que a leitura ganha, gradativamente, maior precisão, maior velocidade e fluência, o que facilita o processo de compreensão ou busca de significados. Ainda na perspectiva de Zorzi e Capellini (2008, p. 188), fica evidente, nesse processo, o importante papel desempenhado pelas habilidades em consciência fonológica, por meio das quais o sujeito constrói a noção fonema-grafema, possibilitando-lhe compreender que as palavras se constituem por fonemas e estes podem ser representados por letras.

Na FASE ORTOGRÁFICA, o aprimoramento das habilidades de leitura está relacionado ao tipo de vinculação do sujeito com a leitura, em termos de frequência e variedade de textos que costuma ler.

É a prática da leitura que, segundo Zorzi e Capellini (2008, p. 189), vai possibilitar ao sujeito o acesso a uma infinidade de palavras, levando-lhe à ampliação do vocabulário ou léxico visual, por meio da memorização dos vocábulos encontrados com maior frequência nas leituras, construindo, assim, o banco de memória ortográfica ou visual de palavras. Ou seja, quanto mais o sujeito ler, mais irá consolidar e diversificar seu vocabulário, ampliando-o à medida que passa a fazer registros de tais palavras.

É a formação desse novo léxico, agora de base visual, que, na perspectiva de Zorzi e Capellini (2008, p. 189), vai garantir que palavras familiares, ou que segmentos maiores de palavras (como os morfemas), sejam rapidamente reconhecidos, resultando em uma forma de decodificação na qual ocorre a ativação da chamada *rota lexical*.

A partir desse ponto, as palavras tendem a ser reconhecidas sem a necessidade de uma análise individualizada ou pormenorizada de seus elementos constituintes. Esse processo, ao inverso do que acontece na leitura alfabética – que faz uso de processos de conversão fonológica, com identificação por meio de segmentos –, busca o reconhecimento da palavra, levando em consideração os aspectos mais globais, graças à recuperação, na memória, de registros ortográficos anteriormente armazenados na forma de um léxico de palavras já lidas.

O referencial teórico até aqui abordado nos revelou como se dá o processo de aprendizagem da leitura. No entanto, questionamo-nos: Como podemos auxiliar o aluno com dificuldade na aprendizagem da leitura? Esse será o nosso próximo ponto de discussão.

# (3.4)
# Como auxiliar o aluno com dificuldade na aprendizagem da leitura

Inicialmente, lembramos que, para sermos capazes de intervir no sentido de potencializar a aprendizagem de qualquer aluno, precisamos acreditar que este tem condições de aprender, independentemente do tipo de dificuldade que se apresente.

Não temos a pretensão de dar nenhuma receita mágica para solucionar as dificuldades de aprendizagem da leitura. Contudo, apresentaremos algumas sugestões que servem, segundo Zorzi (2008, p. 49), para ajudar na aquisição e sistematização das habilidades de leitura e na compreensão de textos, a fim de que possamos trabalhar de forma consciente, ajudando o nosso aluno a avançar cada vez mais na aprendizagem da leitura.

O autor observa que a escolha do material a ser lido é um dos elementos centrais do processo, pois o assunto a ser trabalhado tem de ser significativo para o aluno, independentemente da faixa etária. Também observa que os primeiros textos não devem ser longos. Segundo Zorzi (2008, p. 49), o aluno tem necessidade de preparar a mente, progressivamente, para apropriar-se da nova aprendizagem.

Ainda na concepção do autor, o professor deve acompanhar a leitura do aluno constantemente, mesmo que ele já tenha desenvolvido alguma habilidade de leitura. Tal atitude baseia-se no fato de que um leitor mais maduro sempre pode servir de modelo da forma pela qual uma leitura pode ser realizada.

Durante a realização da leitura, segundo Zorzi (2008, p. 50), é importante que professor e aluno estejam próximos um do outro, de modo que o texto fique ao alcance do aluno, para que ele possa acompanhar a leitura realizada pelo professor. Ao realizar a leitura, o professor deve usar o dedo, ou outro objeto, para ir indicando, da esquerda para a direita, o processo de decodificação que está sendo realizado. A leitura deve ser realizada com calma, deslizando o dedo por baixo das sílabas, uma por uma. O professor deve fazer comentários, progressivamente, à medida que o texto vai sendo lido. É preciso certificar-se de que o aluno está compreendendo o conteúdo. O educador também deve estimular o aluno a fazer relações entre o que está sendo lido e outros fatos da realidade.

A fim de estimular o aluno a perceber as regras de pontuação, ainda na concepção de Zorzi, devemos comentar a pontuação de cada parte do texto. Precisamos mostrar ao aluno as estratégias que usamos para saber como uma sentença deve ser lida – se se trata de uma pergunta ou de uma afirmação. Por exemplo: podemos desafiar o aluno a tentar descobrir como um próximo "ponto"[m] do texto deve ser lido.

A habilidade de consciência fonológica deve ser estimulada por meio da retomada do texto que está sendo trabalhado. Zorzi (2008, p. 50) observa que o professor deve, por exemplo, pedir que o aluno localize no texto uma palavra que se inicie pela letra "f" e, a seguir, mostrar a letra a ser trabalhada para o aluno e questionar se este quer conhecer o som que a letra faz quando a palavra for lida. O professor deve prolongar, quando possível, o som inicial da palavra, de modo que, se a palavra for /fada/, leia /ffffffffffada/. Na sequência, deve pedir que o aluno procure outras palavras

---

m. Ponto, nesse caso, é referente à pontuação do texto.

que comecem com a letra /f/ e perguntar como ele faria para ler essa letra. Esse procedimento ajuda o aluno a descobrir a relação entre letra e som. Dando continuidade à atividade, chamar a atenção para a vogal que segue a letra que havia sido trabalhada. Questionar sobre o som dessa vogal. Que som ela tem? Em seguida, pronunciar a sílaba inicial da palavra, prolongando o som dos dois fonemas, por exemplo, /ffffffffffaaaaaaaaaa/. Demonstrar para o aluno que esses dois sons podem ser pronunciados mais rapidamente, como na palavra /fã/. Esse tipo de atividade dirige a atenção do aluno para a síntese dos fonemas, realizada em termos de formação de sílabas.

A continuidade da realização de leituras, associada à ênfase que o professor deve dar às novas letras e seus sons, possibilita ao aluno avançar no processo de aprendizagem. De acordo com Zorzi (2008, p. 5), à medida que aparecerem novas palavras com a mesma composição de som, devemos pedir para que o aluno ajude a ler, ficando responsável pela sílaba em questão. É preciso incentivar sem forçar, uma vez que muitas crianças, em razão de experiências frustrantes já vividas, sentem a leitura como uma situação muito desgastante. É preciso lançar desafios. Como exemplo de tal situação, o autor sugere que, após a leitura, o professor peça para o aluno pensar em novas palavras que comecem com os sons e letras que vem aprendendo e propõe questionar: Se você fosse escrever a palavra que acabou de inventar, com que letra o faria? Como você descobriu?

Gradativamente, ainda na concepção de Zorzi (2008, p. 51), o aluno deve ser convidado a participar da leitura dos textos. Inicialmente, o professor faz o papel do leitor principal e, eventualmente, pede ajuda ao aluno para que leia palavras ou partes de palavras já conhecidas. É à medida que a criança vai aumentando suas habilidades em termos de decodificação que sua participação na leitura dos textos deve ser cada vez mais incentivada. Assim, progressivamente, os papéis devem ser invertidos, até o momento em que o aluno assume o papel de leitor principal e o professor passe a coadjuvante, cuja tarefa é ajudar nas palavras ou construções silábicas ainda não dominadas pelo aluno.

É importante enfatizarmos, durante todo o processo de estimulação da leitura, segundo Zorzi (2008, p. 51), a exploração do sentido do texto – atitude que não deve ser abandonada nunca. Contudo, não deve ser fator impeditivo da descoberta de como as palavras podem ser lidas, na medida em que o sujeito conhece os sons que as letras representam. O professor deve dar um tempo para que o aluno tente decodificar as palavras escritas sozinho. É papel do docente estimular e dar pistas contextuais para que o aluno faça a leitura da palavra. Também deve retomar as construções silábicas novas em outras palavras, para que o aluno possa realizar a generalização da nova aprendizagem. Lembrando que, na concepção do autor, o que o sujeito aprende com uma palavra não se limita somente a ela e, com a generalização, o aluno vai compreender que determinado conjunto de letras pode fazer parte de inúmeras outras palavras.

Ainda de acordo com Zorzi (2008, p. 52), ao realizar as primeiras tentativas de leitura, o aluno deve ser orientado a realizar a leitura da esquerda para a direita, a fim de facilitar a compreensão de que existem partes com duas letras, podendo existir diferentes composições na sílaba, com três letras ou mais. Por exemplo: a palavra /elefante/ é formada por uma letra /e/ na primeira sílaba, duas na segunda e última sílaba, enquanto a terceira sílaba é formada por três letras /fan/. Zorzi (2008, p. 52) salienta que "as sílabas mais irregulares, que fogem do padrão consoante/vogal, são as que, em geral, mais dificultam o processo de leitura". Essa é uma aprendizagem construída por meio da prática sistemática da leitura.

Numa próxima etapa, segundo Zorzi (2008, p. 52), o aluno deve ser incentivado a realizar uma leitura automonitorada, pelo significado que vai sendo construído a partir do texto. O referido autor ainda menciona o fato de que muitos alunos não percebem que os erros que cometem durante a leitura interferem no significado das palavras, modificando o sentido do texto ou impedindo a sua compreensão: o aluno que não automonitora a leitura, não controla a qualidade e efetividade de sua decodificação. Nesse caso, o professor deve perguntar o que ele entendeu da parte do texto que acabou de ler. Quando necessário, pode repetir o que o aluno leu e questionar se faz sentido, ou se ele percebe algo estranho. Ao incentivar a retomada do texto, o professor está possibilitando ao aluno a oportunidade de autocorrigir a leitura. Esse processo de conscientização é fundamental para o aluno aprimorar o processo de aprendizagem da leitura.

O tamanho dos textos e o volume de informações, segundo Zorzi (2008, p. 52), devem aumentar gradativamente. A leitura deve ser partilhada entre professor e aluno. O professor não deve perder o foco do sentido do texto e deve buscar relacionar o conteúdo lido com outros fatos ou experiências fora dele. Ele deve incitar comentários, julgamentos; pode pedir para o aluno relatar com as próprias palavras o texto lido ou para que escreva sobre o que leu.

Por fim, enfatizamos que, enquanto educadores, não podemos deixar que o aluno entenda a leitura como uma mera atividade escolar. Devemos fazer o possível para que a leitura se torne um hábito, levando-o a constatar a variedade de funções da leitura, especialmente, a descoberta da função de prazer.

( . )
# Ponto final

O presente capítulo abordou a relação entre o componente fonológico da língua e a aprendizagem da leitura. Inicialmente, apresentamos como se dá a aquisição do sistema fonológico do português brasileiro. A partir desse ponto, foi abordada a relação entre a consciência fonológica e a aprendizagem da leitura e, na sequência, apresentaram-se as fases de aquisição dessa aprendizagem e como buscar formas e alternativas de auxílio para o aluno com dificuldades na aprendizagem da leitura.

# Atividades

1. O que é a consciência fonológica?

2. Explique como acontece o desenvolvimento do sistema fonológico no português brasileiro.

3. Qual a relação entre a consciência fonológica e a aprendizagem da leitura?

4. Sobre a aquisição fonológica do português brasileiro, é correto afirmar que:
   a. resultados de estudos recentes revelam que o desenvolvimento fonológico deve estar praticamente completo aos 5 anos de idade.
   b. os sons adquiridos após os 4 anos foram: [z], [s], [ʃ], [λ], [dʒ] e [r].

c. os primeiros sons adquiridos antes dos 3 anos incluem: [p], [t], [k], [m], [n], [ɲ], [f], [tʃ] e [l].
d. os sons intermediários [b], [d], [g], [v] e [x], são adquiridos entre três e quatro anos.
e. Todas as alternativas anteriores estão corretas.

5. Relacione as etapas do processo de aprendizagem da leitura descrito por Zorzi e Capellini (2008) com as respectivas características:
( 1 ) Fase logográfica.
( 2 ) Fase alfabética.
( 3 ) Fase ortográfica.

( ) Pode ser caracterizada como sendo a etapa em que o sujeito começa a estabelecer a relação fonema-grafema.
( ) O alfabetizando vê a palavra como um todo, inexistindo procedimentos de segmentação em unidades menores.
( ) Nessa fase, o processo, contrariamente ao que acontece na leitura alfabética, que faz uso de processos de conversão fonológica, com identificação por meio de segmentos, busca o reconhecimento da palavra, levando em consideração os aspectos mais globais, graças à recuperação, na memória, de registros ortográficos anteriormente armazenados na forma de um léxico de palavras já lidas.

6. Coloque (V) verdadeiro ou (F) falso nas afirmações que seguem, sobre as sugestões de Zorzi (2008) para podermos auxiliar o aluno a superar as dificuldades na aprendizagem da leitura:
( ) A escolha do material a ser lido é um dos elementos centrais do processo. Os primeiros textos devem ser

longos e o assunto a ser trabalhado tem de ser significativo para o aluno.

( ) O professor pode pedir para o aluno relatar, com as próprias palavras, o texto lido ou para que escreva sobre o que leu.

( ) Ao realizar a leitura, o professor deve usar o dedo, ou outro objeto, para ir indicando, da direita para a esquerda, o processo de decodificação que está sendo realizado.

( ) A fim de estimular o aluno a perceber as regras de pontuação, o professor deve comentar a pontuação de cada parte do texto.

( ) A leitura deve ser partilhada entre professor e aluno e o tamanho dos textos e o volume de informações devem aumentar gradativamente.

# ( 4 )

## As habilidades necessárias para a aprendizagem da escrita

*Katia Cilene da Silva*

O presente capítulo aborda as habilidades necessárias ao alfabetizando para a apropriação da aprendizagem da escrita. Inicialmente, traremos uma breve explicação sobre o sistema alfabético da escrita e, com base nessa ideia, apresentaremos o item sobre as habilidades necessárias para a sua aprendizagem, bem como a sistematização da relação entre os sons e as letras, a fim de melhor compreendermos como se dá o processo de construção da linguagem escrita.

## (4.1)
## O sistema alfabético da escrita

Os sistemas alfabéticos de escrita fazem uso de letras. A função das letras, segundo Zorzi e Capellini (2008, p. 180), por sua vez, é representar os sons (fonemas) que compõem as palavras faladas. Essa é uma das principais características desse sistema baseado no jogo de correspondências entre fonemas, de um lado, e letras, de outro.

Nas escritas alfabéticas, ainda na visão de Zorzi e Capellini (2008, p. 180), o fonema é a unidade a ser representada, o que significa que o sujeito precisa ter o conhecimento de que, de dentro da sílaba retirada das palavras, existem elementos ainda menores que só são alcançados quando se procede a uma segmentação forçada, de modo a conseguir separar um fonema do outro. Como exemplo, os referidos autores observam que podemos falar [sapato] pronunciando a palavra como uma unidade; mas, ao reduzirmos a velocidade de fala, teremos novas unidades naturalmente se destacando – [sa-pa-to] – e, ao procedermos a uma segmentação mais forçada dentro de cada uma das sílabas, encontraremos, ainda que de forma artificial, cada um dos fonemas que fazem parte da palavra [s-a-p-a-t-o]. Dessa forma, ratificamos a ideia de que as palavras constituem-se de pequenas unidades sonoras, denominadas *fonemas*. Essa noção é um dos pilares do sistema alfabético de escrita, pois são os fonemas que se transformam em letras.

Ainda, na concepção dos mesmos autores, outra descoberta de fundamental importância para poder gerar a escrita alfabética é o fato de que toda língua é composta por um léxico, ou seja, é formada por um conjunto de palavras para expressar os significados correntes ou existentes. No português do Brasil, por exemplo, para falarmos ou escrevermos, contamos com 33 fonemas. Com as poucas letras e dígrafos que constituem o alfabeto, podemos escrever qualquer palavra. Isso só é possível, segundo Zorzi e Capellini (2008, p. 181), porque se descobriu que, embora uma língua possa ter milhares de palavras que se distinguem umas das outras pela pronúncia e pelo seu significado, alguns elementos comuns estão sempre presentes em todas elas. Em outras palavras, os autores observam que toda língua, apesar de sua riqueza lexical, é formada por um pequeno conjunto de fonemas que, quando combinados a partir de determinados padrões de composição silábica, acabam gerando, por mecanismos de repetição, centenas de milhares de palavras. Constatamos, assim, mais um dos pilares que constituem a escrita alfabética: a noção de que as palavras de uma língua se formam a partir da combinação e repetição de um pequeno grupo de fonemas.

## (4.2)
## O que o alfabetizando precisa saber

A primeira coisa que a criança precisa saber, para alfabetizar-se, na concepção de Lemle (2004, p. 7), é o que significam aqueles risquinhos pretos numa página branca. A autora observa que esta não é uma tarefa tão fácil quanto possa parecer, pois, para ser capaz de entender que os risquinhos pretos no papel são símbolos de sons da fala, é necessário que o sujeito compreenda o que é um símbolo.

Ainda na concepção da autora, a ideia de símbolo é bastante complexa, porque o sujeito tem de entender que "uma coisa é símbolo de outra sem que nenhuma característica sua seja semelhante a qualquer característica da coisa simbolizada" (Lemle, 2004, p. 7). Essa característica, conferida ao símbolo, deve-se ao fato de ele ser originado de uma convenção arbitrária, uma vez que, como afirmamos anteriormente, a razão da forma de um símbolo não está nas características da coisa simbolizada. Citamos, como exemplo de símbolo, a utilização de bandeiras para representar os times de futebol.

A partir do anteriormente exposto, concluímos que um sujeito que ainda não compreendeu a relação simbólica entre dois objetos não conseguirá aprender a ler e escrever. Esse é o primeiro obstáculo a ser superado, na concepção de Lemle (2004, p. 8).

A segunda aprendizagem de que o alfabetizando precisa apropriar-se, ainda de acordo com Lemle (2004, p. 8), é a capacidade de discriminar as formas das letras.

Como visto anteriormente, para essa autora (Lemle, 2004, p. 8), as letras, para quem ainda não se alfabetizou, são risquinhos pretos na página branca e o aprendiz precisa ser capaz de entender que cada um deles vale como símbolo de um som da fala. Para tanto, o sujeito deve ser capaz de discriminar as formas das letras.

A autora ressalta que a habilidade de diferenciar as letras do nosso alfabeto exige o refinamento das percepções, especialmente a visual, pois tais letras apresentam formas bastante semelhantes. Lemle (2004, p. 8) cita como exemplo o fato de as letras (*p* e *b*)[a] diferirem apenas na

---

a. Quando nos referirmos a letras, o símbolo virá em itálico.

direção da haste vertical, posicionada abaixo da linha de apoio ou acima dela. Outro exemplo é o fato de as letras *b* e *d* diferirem apenas na posição da "barriguinha" em relação à haste. Ao virarmos a haste da letra *b* para baixo, estaremos diante da letra *p*, e um *p* virado para o outro lado vira *q*. São essas diferenças sutis que determinam a distinção entre as letras do alfabeto. Logo, o sujeito que não desenvolver conscientemente essas percepções visuais finas não conseguirá aprender a ler e escrever.

O terceiro passo que o aprendiz deve dar para construir a aprendizagem da leitura e escrita, ainda na concepção de Lemle (2004), é desenvolver a habilidade de ouvir e ter consciência dos sons da fala com suas distinções relevantes na língua.

É por meio do refinamento da conscientização da percepção auditiva que o sujeito aprende a escutar as diferenças linguisticamente relevantes entre os sons, de modo a ser capaz de escolher a letra certa para simbolizar cada um deles. Por exemplo: a diferença sonora entre as palavras *pé* e *fé*, *feio* e *veio*, *mar* e *par* está apenas na qualidade da consoante inicial. Essa análise é bastante sutil, o sujeito deve perceber as diferenças de som pertinentes à diferença de letras.

A quarta habilidade necessária para a aprendizagem da escrita, na concepção de Zorzi e Capellini (2008, p. 186), é a consciência da unidade PALAVRA. Isso quer dizer que o alfabetizando deve perceber que cada palavra deve ser devidamente separada uma da outra por meio do uso de espaços entre elas. Logo, para que o sujeito se aproprie da escrita, deve ser capaz de trabalhar com a ideia de palavra, delimitando espacialmente seu início e seu fim, o que implica compreender que elas podem ter extensões variadas.

A organização da página escrita é considerada a quinta habilidade necessária para a aprendizagem da leitura e escrita, na concepção de Lemle (2004, p. 12). A autora salienta que é preciso estabelecer, logo no início do trabalho da alfabetização, a compreensão da organização espacial da página. É necessário esclarecer que, em nosso sistema de escrita, a ordem significativa das letras é da esquerda para a direita na linha, e a ordem significativa das linhas é de cima para baixo na página. Isso precisa ser ensinado, pois dessa compreensão decorre uma maneira muito particular de efetuar os movimentos dos olhos na leitura: a maneira de olharmos a página de um texto escrito é muito diferente da maneira de olharmos uma figura ou fotografia.

Zorzi e Capellini (2008, p. 186) ressaltam que a escrita também exige a noção daquilo que chamamos de *frase*. Nesse sentido, os autores observam que existem regras claras para a produção de um texto: "as frases devem começar com letra maiúscula e terminar com um ponto que indique a maneira pela qual ela deve ser lida ou entendida (afirmação, interrogação, exclamação, reticências)". Eles acrescentam que, quem escreve, além de lidar com a noção de palavra, tem de entender o que pode ser uma frase, as significações contidas em cada uma e a entonação que a caracteriza para poder definir o tipo de ponto que usará para garantir a reação que espera que o leitor tenha.

Em resumo, na visão de Zorzi e Capellini (2008), a escrita conduzirá o aprendiz a um procedimento de análise e reflexão sobre a linguagem de uma maneira muito diferente daquela utilizada na comunicação por meio da linguagem oral. Para dominar a linguagem escrita, o sujeito deve desenvolver as noções de fonema, de sílaba, de palavra, de frase e de ponto. Esses conhecimentos, ainda segundo os autores, já envolvem a tomada de consciência do aprendiz a respeito de características ou propriedades da linguagem — é a denominada *consciência metalinguística*. A descoberta ou compreensão das características sonoras das palavras é chamada de *consciência fonológica*.

Com base no aporte teórico anteriormente mencionado, observamos que o sujeito que estiver passando por um processo de alfabetização deve ser capaz de operar com uma série de novos conhecimentos, organizados, dessa vez, em um nível mais claro de consciência. A aprendizagem da escrita pode ser entendida, segundo Zorzi e Capellini (2008, p. 187), como sendo a transformação do saber falar (saber fazer) na compreensão de como se faz (metalinguagem).

## (4.3)
## Como sistematizar as relações entre sons e letras

Como, na concepção de Lemle (2004, p. 16) quanto às habilidades necessárias à alfabetização (aprendizagem da leitura e escrita), primeiramente o sujeito deve compreender que existe uma relação de simbolização entre as letras e os sons da fala, veremos agora os diferentes tipos de relações existentes entre sons da fala e letras do alfabeto do PB. São elas: a teoria do casamento monogâmico entre sons e letras; a teoria da poligamia com restrições de posição; e as partes arbitrárias do sistema, quando mais de uma letra pode, na mesma posição, representar o mesmo som.

A teoria do casamento monogâmico entre sons e letras é caracterizada, segundo Lemle (2004, p. 17), pela existência de correspondência biunívoca entre fonemas e letras, ou seja, essa teoria consiste na ideia de que, na relação fonema-letra, cada letra tem seu som e cada som tem sua letra. Porém, no PB, são poucos os casos de correspondência biunívoca entre sons e letras. No Quadro 4.1, apresentamos o conjunto de letras do PB, que corresponde ao conjunto de fonemas e vice-versa.

Quadro 4.1 – *Correspondências biunívocas entre fonemas e letras*

| FONEMA | LETRA |
|---|---|
| [p] | /p/ |
| [b] | /b/ |
| [t] | /t/ |
| [d] | /d/ |
| [f] | /f/ |
| [v] | /v/ |
| [a] | /a/ |

FONTE: LEMLE, 2004, P. 17.

Assim, no início do processo de aprendizagem da escrita, há, para o alfabetizando, uma situação ideal em que cada letra tem seu som e cada som tem sua letra. Segundo Lemle (2004, p. 26), é importante deixarmos o alfabetizando explorar essa hipótese por um curto espaço de tempo.

Lemle sugere aos educadores que forneçam e proponham atividades que não entrem em contradição com a hipótese construída, que é a da relação de um para um entre sons e letras, ou hipótese da monogamia. Como exemplo, a autora cita o uso de palavras formadas pelas consoantes /p/, /b/, /t/, /d/, /f/, /v/ e a vogal /a/: esposas fiéis de um marido só, elas representam, onde quer que apareçam, sempre a mesma unidade fonêmica. Com elas, seriam formadas as primeiras palavras e as primeiras frases dos exercícios de alfabetização.

Ainda segundo Lemle (2004, p. 27), as palavras irão jorrar de todos os lados, os alfabetizandos vão trazê-las e não é sensato que o professor exagere no peneiramento dos dados. Conforme as dúvidas vão surgindo, será necessário adiantar a explicação de que essas letras podem, às vezes, ter outros sons, quando colocadas em outras posições. Logo, cabe ao professor decidir por quanto tempo convém trabalhar sob a redoma da hipótese da monogamia. Lembramos que não podemos nos deter nela por muito tempo, sob pena de permitir que o aprendiz se fixe com excessivo apego a um conceito ilusório da rede de relações entre sons e letras, impedindo o avanço no processo de alfabetização.

O segundo tipo de relação existente entre o som da fala e as letras do alfabeto é denominado, ainda na concepção de Lemle (2004), de *poligamia*. Nesse caso, as letras e os fonemas se comportam de modo diferente, dependendo da posição que ocupam na palavra. Salientamos que tais correspondências são regulares e essas regularidades devem ser enfatizadas pelo professor, ao ensinar as regras que as determinam. Apresentaremos, nos dois quadros a seguir, as mais importantes correspondências múltiplas entre letras e sons e entre sons e letras, respectivamente. Contudo, observamos que esses quadros não esgotam a informação sobre as relações entre letra e som, previsíveis pela posição, nem são verdadeiros para todos os falares do Brasil. Para Lemle (2004, p. 21), em cada comunidade linguística, os professores devem estabelecer seus próprios quadros, correspondentes aos aqui apresentados, registrando neles a distribuição dos sons, conforme se dá no dialeto falado pela sua clientela e por eles mesmos.

*Quadro 4.2 – Uma letra representando diferentes sons, segundo sua posição*

| Letra | Fone (Sons) | Posição | Exemplos |
|---|---|---|---|
| s | [s] | Início da palavra. | sala |
| | [z] | Intervocálico. | casa, duas árvores |
| | [ʃ]ᵇ (dialeto carioca) | Diante de consoante surda ou em final de palavra. | resto, duas casas |
| | [ʒ]ᶜ (dialeto carioca) | Diante de consoante sonora. | rasgo, duas gotas |
| m | [m] (nasalidade da vogal precedente) | Antes de vogal; Depois de vogal; Diante de p e b. | mala, leme, campo, sombra |
| n | [n] (nasalidade da vogal precedente) | Antes de vogal; Depois de vogal. | nada, banana, ganso, tango, conto |
| l | [l] [u] | Antes de vogal; Depois de vogal. | bola, lua, calma, sal |
| e | [e] ou [ɛ]ᵈ [i] | Não final; Final de palavra. | dedo, pedra, padre, morte |
| o | [o] ou [ɔ]ᵉ [u] | Não final; Final de palavra. | bolo, cova, bola, amigo |

Fonte: Lemle, 2004, p. 21.

**Conforme Lemle (2004, p. 19), o professor alfabetizador**

b. Corresponde ao som da letra /x/.
c. Corresponde ao som da letra /j/ ou da letra /g/ acompanhada das vogais /e/ ou /i/.
d. [ɛ]: representação do som da vogal aberta /é/.
e. [ɔ]: representação do som da vogal aberta /ó/.

tem de dominar as particularidades nas variedades de correspondências entre letras e sons da sua comunidade linguística, para poder explicar ao alfabetizando que a posição da palavra deve ser levada em conta para se fazer a correspondência entre sons e letras.

Quadro 4.3 – *Um som representado por diferentes letras, segundo sua posição*

| Fone (Som) | Letra | Posição | Exemplos |
|---|---|---|---|
| [K] | C | Diante de a, o, u. | casa, come, bicudo |
| | Qu | Diante de e, i. | pequeno, esquina |
| [g] | G | Diante de a, o, u. | gato, gota, agudo |
| | Gu | Diante de e, i. | paguei, guitarra |
| [i] | I | Posição acentuada. | pino |
| | E | Posição átona em final de palavra. | padre, morte |
| [u] | U | Posição acentuada. | lua |
| | O | Posição átona no final de palavra. | falo, amigo |
| [R] (erre forte) | Rr | Intervocálico. | carro, rua |
| [r] (erre fraco) | R | Outras posições. | carta, honra |
| [ku] | qu | Diante de a, o; Diante de e, i. | aquário, quota, cinquenta, equino |
| | cu | Outras. | frescura, pirarucu |

*(continua)*

*(Quadro 4.3 – conclusão)*

| Fone (Som) | Letra | Posição | Exemplos |
|---|---|---|---|
| [gu] | gu | Diante de e, i; Outras. | aguenta, sagui, água |
| [ãw] | ao am | Posição acentuada; Posição átona. | portão, cantarão, cantaram |

Fonte: Lemle, 2004, p. 22.

Segundo Lemle (2004), nessa segunda etapa, o alfabetizando rejeita a hipótese da monogamia, passando a formular a hipótese da poligamia, condicionada pela posição. Portanto, é preciso ajudar o aprendiz a observar que há palavras em que o som por exemplo, da letra *l* não é [l] e sim [u], que há posição em que o som da letra *o* é de [u] e o som da letra *e* é de [i]. Em resumo, é possibilitar ao alfabetizando ter acesso às informações dos quadros 4.2 e 4.3. Para tanto, a autora sugere que essa exposição seja feita de maneira sistemática pelo professor, por meio de atividades de pesquisa em jornais, revistas ou qualquer material impresso.

Ainda na concepção de Lemle (2004, p. 31), a transição entre a primeira e a segunda etapa da alfabetização está completa quando o alfabetizando não comete mais erros que demonstram o desconhecimento das restrições de ocorrência das letras, conforme a posição na palavra.

O terceiro tipo de relação existente entre letras e sons são as relações de concorrência, no qual mais de uma letra pode representar o mesmo som, na mesma posição da palavra. No Quadro 4.4, apresentamos as letras que representam sons idênticos em contextos idênticos.

*Quadro 4.4 – Letras que representam fones idênticos em contextos idênticos*

| Fone | Contexto | Letras | Exemplos |
|---|---|---|---|
| [z] | Intervocálico. | s<br>z<br>x | mesa, certeza, exemplo |
| [s] | Intervocálico diante de a, o, u. | ss<br>ç<br>sç | russo, ruço, cresça |
| [s] | Intervocálico diante de e, i. | ss<br>c<br>sc | posseiro, assento<br>roceiro, acento<br>crescer |
| [s] | Diante de a, o, u, precedido por consoante. | s<br>ç | balsa, alça |
| [s] | Diante de e, i, precedido por consoante. | s<br>c | persegue, percebe |
| [ʃ] | Diante de vogal. | ch<br>x | chuva, racha,<br>xícara, taxa |
| [ʃ] | Diante de consoante. | s<br>x (dialeto carioca) | espera, testa,<br>expectativa, texto |
| [ʃ] | Fim de palavra e diante de consoante ou de pausa. | s<br>z (dialeto carioca) | funis, mês, Taís,<br>atriz, vez, Beatriz |
| [ʒ] | Início ou meio de palavra e diante de e, i. | j<br>g | jeito, sujeira, gente, bagageiro |
| [u] | Fim de sílaba. | U<br>l | céu, chapéu,<br>mel, papel |
| zero | Início de palavra. | zero<br>h | ora, ovo,<br>hora, homem |

Fonte: Lemle, 2004, p. 24.

A aprendizagem das relações de concorrência entre sons e letras, segundo Lemle (2004, p. 27), é a etapa mais difícil para a aprendizagem da língua escrita, uma vez que, nesse caso, não há qualquer princípio fônico que possa guiar quem escreve na opção entre as letras concorrentes. "A única maneira de descobrir a letra que representa dado som, numa palavra na língua escrita, é recorrer ao dicionário. E decorar, aprendendo a grafia das palavras, uma a uma, guardando-as na memória" (Lemle, 2004, p. 25). A autora acrescenta que grande parte dessas opções, que são arbitrárias como representação de fatos fonéticos (sons), perdem essa arbitrariedade quando a estrutura morfológica das palavras é levada em conta. Nesse sentido, Lemle (2004) observa que, para conduzir o alfabetizando no caminho do conhecimento das unidades menores da língua, não é preciso condená-lo a decorar listas de sufixos e prefixos, mas estimulá-lo a fazer pesquisas, procurar, por exemplo, afixos em textos de leitura, em textos produzidos pelo próprio aluno, em letras de música. Para que isso aconteça, o professor deve manter-se atualizado sobre a estrutura morfológica das palavras, no nosso caso (em português), e também ter algum conhecimento sobre a história da língua.

( . )

## Ponto final

O presente capítulo abordou as habilidades necessárias ao alfabetizando para apropriação da aprendizagem da escrita. Inicialmente, apresentamos uma breve explicação sobre o sistema alfabético da escrita. Na sequência, foram estudadas as habilidades necessárias para a aprendizagem da escrita, bem como a sistematização da relação entre os sons e as letras, a fim de melhor compreendermos como se dá o processo de construção da linguagem escrita.

## Atividades

1. Quais os pilares que constituem a base da escrita alfabética, na concepção de Zorzi e Capellini (2008)? Explique-os.

2. Sobre as habilidades necessárias para que o sujeito possa se alfabetizar, é correto afirmar:
   a. O alfabetizando precisa ser capaz de discriminar as formas das letras e de entender que cada um daqueles risquinhos no papel equivale ao símbolo de um som da fala.
   b. O aprendiz deve desenvolver a habilidade de ouvir e ter consciência dos sons da fala, com suas distinções relevantes na língua.
   c. A compreensão da organização espacial da página precisa ser desenvolvida no início do trabalho da alfabetização. Em nosso sistema de escrita, a ordem significativa das letras é da esquerda para a direita na linha e a das linhas é de cima para baixo na página.
   d. A escrita, segundo Zorzi e Capellini (2008), também exige a noção daquilo que chamamos de *frase*, as significações contidas em cada uma e a entonação que as caracteriza, para poder definir o tipo de ponto que usaremos para garantir a reação que esperamos do leitor.
   e. Todas as alternativas anteriores estão corretas.

Complete corretamente as lacunas dos exercícios a seguir:

3. A teoria do ................................................ entre sons e letras é caracterizada pela existência de correspondência biunívoca entre fonemas e letras.

4. A teoria da poligamia, ................................................, refere-se às letras e aos fonemas, que se comportam de modo diferente, dependendo da posição que ocupam na palavra. Tais correspondências são ................................................ e essas regularidades devem ser enfatizadas pelo professor, ao ensinar as ................................................ que as determinam.

5. As partes arbitrárias do sistema dizem respeito ao grupo de letras e sons que apresentam ................................................, na qual mais de uma letra pode representar o mesmo som, na ................................................ posição da palavra.

6. A aprendizagem das ................................................ entre sons e letras é a etapa mais difícil para a aprendizagem da ................................................, uma vez que, nesse caso, não há qualquer princípio fônico que possa guiar quem escreve, na opção entre as letras concorrentes.

7. Grande parte das opções, que são arbitrárias como representação de fatos fonéticos (sons), perdem essa arbitrariedade quando a ................................................ das palavras é levada em conta.

( 5 )

Explorando as inteligências
múltiplas na sala de aula

*Katia Cilene da Silva*

Resumidamente, podemos afirmar que a teoria das inteligências múltiplas, de Howard Gardner, surgiu como uma alternativa para o conceito de inteligência, entendida como uma capacidade inata, geral e única, que possibilita ao sujeito um desempenho, maior ou menor, nas diferentes áreas de atuação. Essa teoria foi desenvolvida, a partir dos anos 1980, por uma equipe de pesquisadores da Universidade de Harvard, liderada pelo psicólogo Howard Gardner, que identificou sete tipos de inteligência.

Essa teoria proporcionou grande impacto na educação, no início dos anos 1990, tendo surgido devido à insatisfação com a ideia de Quociente de Inteligência (QI), assim como com as visões unitárias de inteligência como indicativas para o sucesso escolar. Assim, a principal contribuição da teoria de Gardner para a educação consiste na constatação de que o sujeito não possui uma única inteligência, inata e mensurável, mostrando que todos os indivíduos são inteligentes, porém de forma diferente, e que suas inteligências são reforçadas, desenvolvidas ou não, dependendo dos estímulos que recebem do ambiente e da cultura na qual estão inseridos.

Dentro desse paradigma, Gardner (1995) considera que as inteligências não são objetos que podem ser contados, mas potenciais, que podem ou não ser ativados, dependendo dos valores de uma cultura específica, das oportunidades disponíveis nessa cultura e das decisões pessoais tomadas pelo próprio indivíduo, pela sua família, por seus professores e outros.

Segundo Antunes (2001, p. 33), todo professor que trabalha com as inteligências múltiplas em sala de aula transforma a tradição exaustiva do discurso pela ação conjunta de exploração de outros meios de informação e faz com que a aprendizagem aconteça de forma significativa para os seus alunos, preparando-os para a vida, não se limitando apenas a raciocínios verbais e lógicos, mas favorecendo o desenvolvimento de combinações intelectuais individuais, com base na valorização do potencial de cada um.

Após essa breve definição sobre as inteligências múltiplas e seu reflexo na sala de aula, ou seja, no processo de ensino-aprendizagem, apresentaremos, neste capítulo, sugestões de como o professor pode potencializar, por meio da exploração dos diferentes conteúdos escolares, o desenvolvimento dos diferentes tipos de inteligência.

Inicialmente, abordaremos a inteligência lógico-matemática ante os conteúdos escolares. Na sequência, apresentaremos, respectivamente, as inteligências sonora ou musical, cinestésico-corporal, visuoespacial, naturalista, linguística ou verbal e as inteligências pessoais perante os diferentes conteúdos escolares.

A partir deste ponto do texto, apresentaremos algumas sugestões sobre como o professor pode estimular a inteligência lógico-matemática, por meio dos diferentes conteúdos escolares.

## (5.1)
## A inteligência lógico-matemática e os conteúdos escolares

A inteligência lógico-matemática, segundo Antunes (2001, p. 22), pode ser caracterizada pela facilidade com que o sujeito elabora ou resolve questões que envolvam cálculos, pela sua capacidade de perceber a geometria dos espaços que percorre e pela facilidade com que soluciona problemas lógicos. Também pode ser observada através da sensibilidade e capacidade de discernir padrões numéricos ou lógicos e de lidar com longas cadeias de raciocínio.

Essa inteligência pode ser estimulada desde a infância, em qualquer disciplina do currículo escolar, mas alcança seu maior potencial na adolescência e no início da idade adulta. Na sequência, apresentaremos algumas ações pedagógicas, propostas por Antunes (2001, p. 22), para estimular essa inteligência em sala de aula.

Esse autor enfatiza a necessidade de o professor inventar problemas, ou seja, questionar os alunos durante a abordagem dos diferentes conteúdos a serem trabalhados.

Ao trabalhar as diversas fórmulas matemáticas, o professor deve propor que os alunos as explorem por meio de outras linguagens, como, por exemplo, a linguagem verbal.

Atividades de construção da linha do tempo podem ser iniciadas a partir dos dados da vida dos alunos para, posteriormente, passar para a projeção de teorias e fatos envolvendo o conhecimento temporal.

A construção de mapas conceituais[a] deve ser estimulada, a fim de auxiliar o aluno a ordenar e hierarquizar os conteúdos de ensino trabalhados, tornando-os, assim, mais significativos para o aprendiz.

Independentemente da faixa etária dos alunos, o professor deve estimular que procurem, na exploração de todos os temas, médias estatísticas contextualizadas com a matéria ensinada.

Pelo uso de linguagens textuais, que contenham dados ou informações numéricas, o professor pode solicitar que os alunos construam gráficos do tipo pizza ou setores, barras lineares e muitos outros. Também é interessante que o professor proponha ao aluno explicar os gráficos por meio de textos e fazer a transposição dos dados de um gráfico para outro.

As formas geométricas podem ser trabalhadas por meio da observação da natureza, buscando-se a presença de padrões de simetria e de diferentes formas geométricas.

---

a. Mapas conceituais: são representações gráficas, semelhantes a diagramas, que sinalizam as relações entre conceitos ligados por palavras. Por meio de sua estrutura, representam desde os conceitos mais abrangentes até os menos complexos.

O professor deve desafiar os alunos, em diferentes momentos, a buscarem resultados idênticos a partir de operações matemáticas diferentes.

É papel do professor buscar, em outras disciplinas (Ciências, Geografia, História, Língua Estrangeira), temas para criar problemas que envolvam probabilidades ou, até mesmo, interpretação de dados.

Em especial na educação infantil, Antunes (2001, p. 24) enfatiza a realização de atividades lúdicas (diferentes tipos de jogos com contas, clipes, cartões, bolinhas e outros) envolvendo números e sinais.

A seguir, abordaremos a inteligência sonora ou musical perante os conteúdos escolares.

## (5.2)
## A inteligência sonora ou musical e os conteúdos escolares

A inteligência sonora ou musical, na perspectiva de Antunes (2001, p. 25), está ligada às habilidades do sujeito de apreciar e compreender as diversas formas de expressão musical e à sua capacidade de interagir com os sons, transformando-os, não necessariamente, em sons gerados por instrumentos. Essa habilidade pode ser facilmente percebida, separada das demais, especialmente em casos de disfunções cerebrais ou em alguns casos de genialidade, como acontece com grandes compositores. Ainda segundo Antunes (2001), essa é a inteligência humana que se desenvolve mais precocemente e deve se constituir em estímulo que acompanha todos os níveis de escolaridade e todas as disciplinas curriculares.

Abordaremos, a seguir, algumas práticas que, na visão de Antunes (2001, p. 25), ao serem utilizadas em sala de aula, ajudam a aprimorar o desenvolvimento da inteligência musical.

Segundo esse autor, o professor deve estimular os alunos a transformarem textos, mensagens ou ideias em paródias, adaptando os conteúdos trabalhados a músicas populares, com letras alteradas. Dessa forma, o assunto em pauta é contextualizado, facilitando o processo de aprendizagem. O autor acrescenta que a paródia envolve criatividade e não impede a proposta de criação de músicas que contextualizem o tema estudado.

Ao fazer uso de sua sensibilidade, o professor pode solicitar aos alunos, especialmente àqueles com destacada inteligência musical, que organizem "trilhas sonoras" para serem apresentadas durante os relatos de temas, trechos ou passagens literárias ou, ainda, durante as explorações de conteúdos de Geografia, História, Ciências, Física, Química, Biologia e Literatura.

Por meio de um concurso de trovas ou de textos de *rappers*, o professor pode estimular a realização de pesquisas, ao mesmo tempo em que os alunos exploram diferentes tipos de linguagens ao trabalhar um mesmo tema.

O professor preocupado em estimular a inteligência musical, segundo Antunes (2001, p. 26), além de colecionar textos ou *slides*, organiza um repertório de efeitos sonoros para utilizar durante as atividades, em circunstâncias diversas. Por exemplo: os sons da natureza, gravados, podem servir de fundo musical para ilustrar conteúdos de diferentes áreas.

Ainda na visão de Antunes (2001, p. 27), uma redação pode abrigar a associação entre os estímulos áudio e visual, reunindo sons de diferentes matérias desenvolvidas em programas de televisão de todas as naturezas.

Com alunos da educação infantil, Antunes (2001, p. 27) sugere a realização de atividades que envolvam a criatividade, a transformação de sucatas em instrumentos musicais, levando-os a interpretar e classificar os diferentes sons (tons e timbres) produzidos.

A próxima inteligência a ser abordada perante os conteúdos escolares é a cinestésico-corporal.

## (5.3)
## A inteligência cinestésico-corporal e os conteúdos escolares

Essa forma de inteligência, segundo Antunes (2001, p. 28), é observada naqueles sujeitos que utilizam o corpo em movimentos diferenciados e hábeis, com a finalidade de expressar-se corporalmente, demonstrando habilidade no controle dos movimentos e harmonia no seu uso para a resolução de uma situação-problema.

Essa inteligência, ainda na concepção de Antunes (2001, p. 26), está presente desde o nascimento, sendo que os fatores (força, flexibilidade, tônus etc.) associados a ela evoluem até o início da idade adulta, de acordo com a estimulação recebida. Talvez o maior inimigo dessa inteligência, segundo o autor, seja o "hábito exagerado" das crianças de assistir à televisão ou de dedicar grande parte do tempo aos jogos eletrônicos. Ficam, dessa forma, afastadas das quadras esportivas, do sol, da praia – ambientes essenciais para o estímulo da harmonia corporal.

Para Antunes (2001, p. 29), todos os temas explorados em sala de aula podem envolver atividades por meio das quais os alunos possam demonstrar, por meio da linguagem corporal, os saberes que estão construindo. Como exemplo, o autor cita a realização de atividades mímicas e teatrais como recurso importante na transposição da linguagem textual ou numérica para a linguagem corporal, também citando a dança como um meio excelente para a contextualização de temas curriculares diversos, além de aprimorar a inteligência cinestésico-corporal.

Ainda de acordo com Antunes (2001, p. 29), embora o quadro (lousa) seja um instrumento importante para o professor, o chão também deve ser. O docente deve explorar esse espaço para o estudo de mapas ou para a realização de diversos jogos matemá-ticos, linguísticos ou ligados a outros conteúdos, com base em atividades genericamente conhecidas como *jogos de tabuleiros no chão, jogos do tipo "alfabeto vivo"*[b] e muitas outras atividades idênticas a estas, que busquem a associação da atenção ao gesto, ao saber, ao movimento. O autor ainda observa que muitos fatos científicos podem ser explicados pela associação com situações esportivas e vice-versa.

Abordaremos, a seguir, a inteligência visuoespacial em face dos conteúdos escolares.

## (5.4)
## A inteligência visuoespacial e os conteúdos escolares

Para Antunes (2001, p. 31), podemos identificar a inteligência visuoespacial pela capacidade do sujeito em identificar

---

b. *Alfabeto vivo* significa representar as letras do alfabeto com o próprio corpo ou usando o corpo do colega.

a forma de sólidos, vistos por diferentes ângulos; em perceber com precisão o mundo visual, em imaginar sólidos geométricos no espaço, eventualmente transformando-os; em se orientar no deslocamento pelo espaço e criar ou recriar aspectos da experiência visual. Antunes (2001, p. 31) acrescenta que "todas as pessoas com acentuada inteligência visuoespacial apresentam capacidade e sensibilidade para perceber com exatidão o mundo visuoespacial e realizar transformações nessa própria percepção".

Essa inteligência, de acordo com Antunes (2001, p. 31), está presente em arquitetos, especialistas em desenhos gráficos, marinheiros, geógrafos e muitos outros. Ela se faz presente desde o nascimento, mas acentua-se dos 2 aos 5 anos e parece alcançar seu auge dos 9 aos 10 anos, continuando extremamente vigorosa até a velhice.

Apresentaremos, na sequência, algumas propostas de atividades, sugeridas pelo autor para estimular essa inteligência na sala de aula.

Uma excelente atividade para iniciar o estímulo à capacidade visuoespacial dos alunos é desafiá-los a descobrir linguagens novas por meio da transposição de textos para as linguagens musical, cênica, cartográfica, pictórica, entre outras, e vice-versa.

Igualmente interessante para o aluno, ainda na visão de Antunes (2001, p. 32), é representar textos ou equações numéricas em verdadeiros desenhos arquitetônicos, usando, na escolha das palavras ou dos números, formas, tipos de letras e cores diferentes, e fazer a releitura de ilustrações ou textos, recriando-os em tamanho e formas.

Antunes (2001, p. 33) observa que o professor deve estimular os alunos a construírem mapas conceituais, para a exposição e a síntese de conteúdos, alternando o uso de cores e, até mesmo, de formas. Também a construção de carimbos, utilizando borracha ou outro material, representa valioso estímulo espacial, especialmente quando contextualizado ao tema estudado.

Na sequência, abordaremos a inteligência naturalista perante os conteúdos escolares.

## (5.5)
## A inteligência naturalista e os conteúdos escolares

A inteligência naturalista, também conhecida como *biológica* ou *ecológica*, segundo Antunes (2001, p. 35), manifesta-se com intensidade por volta dos 2 ou 3 anos de idade. Contudo, pode se acentuar em idades posteriores, por meio das experiências práticas e projetos envolvendo uma "alfabetização" naturalista, que se mantém intensa e ativa por toda a vida.

Segundo Antunes (2001, p. 35), essa inteligência está relacionada à competência das pessoas em perceberem a natureza de forma integral, demonstrando acentuado interesse por animais e plantas, assim como uma compreensão ampla sobre *habitats* de espécies e ecossistemas, mesmo que não dominem cientificamente esses conceitos. Como exemplo de pessoas com acentuada inteligência naturalista, Antunes (2001, p. 36) cita Darwin, Burle Marx e Humboldt.

Como metodologia de trabalho para o aprimoramento dessa inteligência, o professor pode propor, segundo Antunes (2001, p. 36), um passeio pelo campo ou uma excursão e, com base nas observações realizadas nessa vivência, solicitar que os alunos façam a recriação da paisagem; dessa forma, o pensamento imaginário estará sendo estimulado. Esse mesmo passeio possibilita que professor e alunos façam novas descobertas por meio de pesquisas, procurando estabelecer relações entre a linguagem natural e o conteúdo trabalhado.

Para Antunes (2001, p. 36), o professor pode estimular a criação de hábitos naturalistas, propondo que os alunos construam um "diário de campo", no qual devem registrar as observações, como as modificações que percebem na natureza, causadas ou não pelo ser humano. Podem ampliá-lo, acrescentando fotos, gravações de sons ambientais, folhas, raízes e outros elementos.

Na sequência, apresentaremos a inteligência linguística ou verbal ante os conteúdos escolares.

# (5.6)
# A inteligência linguística ou verbal e os conteúdos escolares

A inteligência linguística, na concepção de Antunes (2001, p. 38), ao que tudo indica, possui sua base neurológica nos lobos frontais e temporal esquerdo (áreas de Broca e Wernicke). Alcança seu ápice na infância e, desde que não seja atingida por problemas de disfunção, mantém-se forte até a velhice. As pessoas com acentuada inteligência linguística apresentam facilidade para comunicar-se por meio das palavras, apresentando uma sequência de ideias, de forma coerente e lógica, ao fazerem relatos escritos ou orais. Essa inteligência é marcante em escritores, teatrólogos, oradores, comunicadores. Como exemplo de pessoas com acentuada inteligência linguística, Antunes (2001, p. 38) cita Sheakespeare, Dante, Camões, Castro Alves, Clarice Lispector e muitos outros.

Entre as atividades a serem desenvolvidas com qualquer tema, das diferentes disciplinas, Antunes (2001, p. 38) sugere que o professor conte histórias, solicitando a participação interativa dos alunos, estimulando a criatividade e a habilidade de transformar o pensamento em palavras durante a expressão verbal. É importante lembrar que as histórias trabalhadas devem estar de acordo ao vocabulário e à faixa etária dos alunos.

A fim de estimular a organização da estrutura léxica, Antunes (2001, p. 39) sugere que o professor desafie os alunos a organizarem sentenças (frases) que se apresentam fora de ordem. A realização de debates, painéis abertos, quando mediados pelo professor, também ajudam o aluno a organizar o pensamento por meio da expressão verbal. O autor observa que, independentemente do tema trabalhado, o professor deve propor desafios, como a interpretação de textos, o desenvolvimento de analogias, a exploração do tema em questão por meio de trovas, entre outras possibilidades.

Ainda na perspectiva de Antunes (2001, p. 40), os alunos devem ser estimulados a inventar poemas ou a construir paródias sobre os fatos, hipóteses ou teorias que pesquisarem. Em sala de aula, a utilização de reportagem publicada nos jornais ou destacada em programas de televisão pode estimular as tentativas de analogia com os conteúdos que estão sendo trabalhados em classe. Também é muito importante que os alunos realizem apresentações teatrais contextualizando temas desenvolvidos por meio de exposições verbais ou de textos literários ou científicos.

A elaboração de jornais falados de curta duração, mas de forma frequente, segundo Antunes (2001, p. 40), ajuda os alunos a transporem para a linguagem oral as aprendizagens. A realização de entrevistas também é um exercício muito importante para os alunos aprenderem a coletar ideias, sugestões, ouvir comentários, críticas, tornando-se capazes de diferenciar todas essas formas de comunicação.

É sempre importante, segundo o autor, que os alunos façam uso do dicionário, brinquem de descobrir novas palavras, bem como criem o próprio dicionário, de acordo com o assunto estudado em cada disciplina.

Essas são apenas algumas sugestões, entre tantas possibilidades, para se estimular esse tipo de inteligência. Cabe a cada professor planejar outras estratégias que possibilitem ao aluno aprimorar a sua inteligência linguística.

A próxima inteligência a ser abordada perante os conteúdos escolares são as inteligências pessoais.

## (5.7)
## A inteligência pessoal e os conteúdos escolares

A inteligência pessoal é subdividida em *inteligência intrapessoal* e *interpessoal*. De acordo com Antunes (2001, p. 43), esses dois tipos de inteligência se alternam: enquanto a intrapessoal é considerada a inteligência do "eu", dando-nos acesso aos próprios sentimentos, permitindo-nos discriminar nossas próprias emoções e levando-nos a um maior autoconhecimento, a uma automotivação e autoestima mais elevadas, a interpessoal nos possibilita desenvolver a capacidade de discernir e responder, de forma adequada, aos estados de humor, temperamento, desejos e motivações de outras pessoas, ou seja, é a inteligência do reconhecimento do outro, da empatia, da comunicação. Uma pessoa pode, por exemplo, apresentar uma extraordinária inteligência interpessoal e uma baixa inteligência intrapessoal e vice-versa.

Embora estejam presentes desde a vida intrauterina e a formação das fronteiras do "eu" e do outro se mostrem bastante críticas nos três primeiros anos de vida, segundo Antunes (2001), é por volta dos 10 anos que a criança ganha relativa autonomia sobre valores e sobre a moralidade.

Sabemos ainda que a importância do envolvimento da emoção na aprendizagem, hoje, constitui-se um argumento incontestável. A fim de conscientizar os alunos a respeito de suas próprias emoções e fazê-los refletir sobre o reflexo destas na sala de aula, Antunes (2001, p. 41) sugere que o professor solicite, em diferentes oportunidades, que eles construam o auto e o heterorretrato emocional. Esse tipo de ação confere ao papel do professor a facilitação das relações interpessoais na sala de aula. Abordaremos, a seguir, algumas estratégias e sugestões de atividades que estimulam as inteligências pessoais, nas diferentes disciplinas do currículo, ainda de acordo com o referido autor.

O professor deve dispor de temas interessantes para discussão e escolher aqueles que mais estimulem o debate, sem esquecer que sua ação mediadora é imprescindível. Cabe ainda a ele estabelecer novas perspectivas para temas discutidos e apreendidos e levar os alunos a participarem ativamente da criação dessas novas perspectivas.

Citamos ainda a realização de dramatizações, a criação de painéis e colagens sobre as emoções vivenciadas, a contextualização de notícias da televisão ou de jornais para assuntos do cotidiano, a construção de diários emocionais, entre outras possibilidades.

Para Antunes, a escola e a sala de aula são espaços extraordinários para desenvolver nos alunos o hábito de participar de campanhas filantrópicas ou cívicas diversas, sobretudo quando ajudados por seus professores.

Um conteúdo trabalhado pode ser enriquecido com propostas para um debate sobre valores ou virtudes, pois os alunos devem aprender a valorizar bons exemplos, assim como devem ser estimulados a desenvolver pesquisas e discussões sobre pessoas de participação relevante na história da comunidade ou no envolvimento em ajuda a outros.

Ainda de acordo com Antunes (2001, p. 46), toda escola, toda classe, necessita escolher livremente sua missão, seja esta de natureza solidária, seja ecológica, seja qualquer outra. É necessário fazer "paradas", de tempos em tempos, para que se discuta conjuntamente o alcance ou não dessas metas traçadas.

( . )

# Ponto final

O presente capítulo teve como objetivo refletir sobre as diferentes maneiras de o professor estimular as inteligências múltiplas na sala de aula, a partir dos diferentes conteúdos escolares. Após apresentarmos uma breve definição sobre as inteligências múltiplas e seu reflexo na sala de aula, ou seja, no processo de ensino-aprendizagem, apresentamos sugestões de como o professor pode potencializar os diferentes tipos de inteligência a partir dos conteúdos de diferentes disciplinas.

# Atividades

1. Explique, resumidamente, o surgimento da teoria das inteligências múltiplas de Howard Gardner.

2. Qual a principal contribuição da teoria das inteligências múltiplas para a educação?

3. Explique a concepção de Gardner (1995) sobre as inteligências múltiplas.

4. Assinale (V) para as afirmativas verdadeiras e (F) para as falsas.

    ( ) A inteligência lógico-matemática pode ser caracterizada pela facilidade com que o sujeito elabora ou resolve questões que envolvam cálculos, pela sua capacidade de perceber a geometria dos espaços que percorre e pela facilidade com que soluciona problemas lógicos.

    ( ) A inteligência pessoal é a inteligência humana que se desenvolve mais precocemente e deve se constituir em estímulo que acompanha todos os níveis de escolaridade e todas as disciplinas curriculares.

    ( ) Na perspectiva de Antunes (2001), todos os temas explorados em sala de aula podem envolver atividades nas quais os alunos possam demonstrar, por meio da linguagem corporal, os saberes que estão construindo.

    ( ) A realização de atividades mímicas e teatrais pode ser considerada um recurso importante para a transposição da linguagem textual ou numérica para a linguagem corporal.

( ) A dança é um meio excelente para a contextualização de temas curriculares diversos, além de aprimorar a inteligência cinestésico-corporal.

Complete corretamente as frases dos exercícios 5, 6 e 7:

5. ................................. pode ser estimulada desde a infância, em qualquer disciplina do currículo escolar, mas alcança seu maior potencial na adolescência e no início da idade adulta.

6. ................................. pode ser facilmente percebida, separada das demais, especialmente em casos de disfunções cerebrais ou em alguns casos de genialidade, como ocorre com os grandes compositores.

7. Na perspectiva de Antunes (2001, p. 29), todos os temas explorados em sala de aula podem envolver atividades nas quais os alunos possam demonstrar, por meio da ........................................, os saberes que estão construindo.

8. Retire do texto exemplos de metodologias de ensino que visam à estimulação da inteligência lógico-matemática em sala de aula em diferentes conteúdos escolares.

9. Relacione as proposições às suas características:
( 1 ) Inteligência visuoespacial e os conteúdos escolares.
( 2 ) Inteligência naturalista e os conteúdos escolares.
( 3 ) A inteligência linguística ou verbal e os conteúdos escolares.
( 4 ) A inteligência pessoal e os conteúdos escolares.

( ) Como metodologia de trabalho, para aprimoramento dessa inteligência, o professor pode propor um passeio pelo campo ou uma excursão e, a partir das observações realizadas nessa vivência, solicitar que os alunos façam a recriação da paisagem, estimulando o pensamento imaginário.

( ) Uma excelente atividade para começar a estimular essa inteligência nos alunos é desafiá-los a descobrir linguagens novas, transpor textos para as linguagens musical, cênica, cartográfica, pictórica, entre outras, e vice-versa.

( ) A realização de dramatizações, a criação de painéis e colagens sobre as emoções vivenciadas, a contextualização de notícias da televisão ou de jornais para assuntos do cotidiano, a construção de diários emocionais, entre outras possibilidades, são atividades que facilitam o desenvolvimento dessa inteligência.

( ) A fim de estimular essa inteligência, o professor deve, entre outras possibilidades, propor aos alunos a realização de debates, painéis abertos, a interpretação de textos, o desenvolvimento de analogias, a exploração do tema em questão por meio de trovas, por exemplo. Também é muito importante que os alunos realizem apresentações teatrais, contextualizando temas desenvolvidos, por meio de exposições verbais ou de textos literários ou científicos.

# ( 6 )

## O papel do professor
## em face do fracasso escolar

O presente capítulo tem como objetivo a reflexão sobre o papel do professor diante do fracasso escolar. Inicialmente, abordaremos a diferenciação entre o fracasso escolar e a dificuldade de aprendizagem. Na sequência, analisaremos o papel do professor com relação à dificuldade de ensinagem, buscando explicar como esse processo é desencadeado. No próximo item, enfocaremos o compromisso do professor ante as diferenças individuais dos alunos. Em seguida, com base na pergunta "Por que o aluno não aprende?", instigaremos o leitor a pensar sobre alguns fatores envolvidos na não aprendizagem. Finalizando, abordaremos a atitude pedagógica do professor preocupado em prevenir o fracasso escolar dos alunos com dificuldade de aprendizagem.

## (6.1)
## Diferenciação entre fracasso escolar e dificuldade de aprendizagem

Na concepção de Polity (2003, p. 27), ao falarmos sobre o fracasso escolar, é importante que o diferenciemos das dificuldades de aprendizagem.

O fracasso escolar, de acordo com a referida autora, "está relacionado ao sistema educativo, revelando as inadequações das instituições escolares que são, em última instância, representadas pelos professores, coordenadores, diretores, entre outros profissionais". As dificuldades de aprendizagem, por sua vez, dizem respeito ao sujeito aprendente e, quando bem conduzidas, não impedem o avanço do sujeito em seus estudos. Logo, nem sempre geram o fracasso escolar.

Sabemos, contudo, que, ao tratarmos sobre o fracasso escolar, prevalece ainda hoje a ideia de que o PROBLEMA está na estrutura intelectual do aluno ou relacionado à pobreza das interações do sujeito com o ambiente, assim como nas suas relações interpessoais.

A ideia de que o fracasso escolar está associado à estrutura intelectual do aluno encontra sustentação, segundo Polity (2003, p. 28), numa concepção teórica que acredita que o conhecimento está pré-formado no sujeito e que, portanto, durante seu desenvolvimento ele terá apenas de aprimorá-lo. Nessa visão, a não aprendizagem dos alunos é associada à imaturidade, ou seja, ao fato de não estarem prontos para aprender.

Para Polity (2003, p. 28), ao colocarmos a ênfase do fracasso escolar no déficit das interações do sujeito com o ambiente ou nas suas relações interpessoais, estamos nos apoiando na crença de que o conhecimento é transmitido de alguém que sabe para alguém que não sabe, assim como estamos supervalorizando o meio em relação ao sujeito que aprende.

Propomos aqui, com base na concepção de Polity (2003, p. 29), uma abordagem sobre o fracasso escolar que vai além dos questionamentos sobre o fracasso de quem aprende, direcionando nosso olhar, também, para o fracasso de quem ensina, ou seja, para a dificuldade de ensinagem. Mas no que consiste a *dificuldade de ensinagem*?

## O papel do professor na dificuldade de ensinagem

Adotamos a expressão *dificuldade de ensinagem*, no lugar de *dificuldade de ensinar*, porque concordamos com a ideia de Polity (2003, p. 29) de que este último termo parece estar restrito à transmissão de um conteúdo específico. A autora cita como exemplo o fato de que, quando não conhecemos um conteúdo específico, temos dificuldade de ensiná-lo, ou seja, ficamos impossibilitados de transmiti-lo a alguém porque nós mesmos o desconhecemos.

Em contraponto, para Polity (2003, p. 29), a ensinagem pressupõe a interação. É basicamente relacional, valoriza as trocas emocionais que permeiam o ato de ensinar.

Nesse paradigma, a ensinagem pressupõe que o ensino seja um processo dialógico, baseado na emoção e na razão como aspectos complementares e interdependentes. A emoção permeia a relação professor-aluno, assim como as percepções que o professor tem da sua própria prática, como ele a pensa e a sente.

Enfatizamos o caráter relacional do ensino no processo de ensinagem, pois, assim como Polity (2003, p. 29), acreditamos que "o conhecimento nos é viabilizado pelo outro, construído na e pela relação com nosso(s) interlocutor(es), ficando na dependência de que possamos dar-lhe significado, por meio da reflexão, ou seja, agregando valor às novas experiências".

A autora observa que dar significado é algo mais que atribuir uma definição; envolve uma interação entre o social e o individual, sendo que essas duas dimensões supõem a existência de um *self*[a] e de objetos internalizados com os quais se possa dialogar, além da possibilidade de se reter experiências passadas e de construir outras novas a partir das anteriores. Nessa perspectiva, segundo Polity (2003, p. 31), o processo de ensino não conduz ao acúmulo de novos conhecimentos, mas possibilita a integração e a modificação, além de favorecer as relações e a coordenação entre esquemas de conhecimentos já reconhecidos.

Somadas a todas as características anteriormente mencionadas sobre como se dá o processo de ensinagem, Polity (2003, p. 31) ressalta que "a relação humana evidenciada no processo de ensinar acontece a partir da articulação de diferentes fatores internos e externos do professor em relação ao aluno". A autora observa que os fatores internos não são constituídos só pelas estruturas de base intelectual e lógica, mas também pelas de ordem afetiva e do desejo,

---

a. *Self*, segundo Kohut (1997, p. 51), são as representações da mente e do corpo sobre as funções mentais e físicas, experimentadas como contínuas no tempo, unitárias, coesas e possuidoras de dimensões espaciais estáveis.

articulando-se à história de cada um e servindo como resposta do sujeito à realidade que o cerca, podendo, inclusive, modificá-la. Em relação aos fatores externos, Polity (2003, p. 31) observa que são proporcionados pelas condições da realidade de vida na qual o sujeito está inserido, incluindo aqui as dificuldades específicas do aluno.

Com base nas considerações anteriores, constatamos a complexidade do papel do professor que, além de ter conhecimento intelectual, precisa de condições externas, ou seja, materiais favoráveis para a prática educativa. Além disso, o docente deve cuidar da sua formação pessoal, especialmente dos aspectos emocionais, a fim de melhor compreender as rupturas no processo de ensino, podendo reconduzir a sua ação pedagógica.

Em resumo, a dificuldade de ensinagem não acontece somente pela ação de um professor desprovido de conhecimento teórico ou da falta de estímulo do meio; ela também sofre uma forte influência dos aspectos emocionais que permeiam a relação ensinante e aprendente, aspectos que nem sempre são detectados pelo professor devido à falta de preparo pessoal, e não devido à competência técnica, como muitas vezes se acredita.

Após constatarmos a influência do papel do professor nas dificuldades de ensinagem, abordaremos, a partir deste ponto do texto, o compromisso do professor em relação às diferenças individuais dos alunos, a fim de prevenir a ocorrência de dificuldades de ensinagem.

## (6.2)

## O compromisso do professor diante das diferenças individuais

Sabemos que o aluno constrói o seu conhecimento na interação com o meio no qual se encontra inserido; logo, sofre a influência deste nas diferentes situações vivenciadas e na exploração de objetos. É a partir dessas experiências que o sujeito vai passando os diferentes estágios do desenvolvimento e, gradativamente, vai estabelecendo relações cada vez mais complexas e abstratas com a aprendizagem.

Observamos que essa característica do desenvolvimento humano faz com que a percepção ou o entendimento que os alunos apresentam perante umas e outras áreas do conhecimento variem de acordo com a experiência prévia de cada um. Assim sendo, vemos pertinência no questionamento de Hoffmann (1993, p. 52): "Em que medida o professor compreende e valoriza manifestações diferentes dos alunos diante de tarefas de aprendizagem?". Ao qual acrescentamos: "Qual o nosso papel enquanto educadores? Instigar o aluno a buscar formas diferenciadas de expressões, estimulá-lo a buscar diferentes caminhos para a resolução de uma situação-problema ou aprisioná-los através da busca de respostas uniformes?".

Das questões anteriormente mencionadas derivam outras. Como exemplo, citamos os questionamentos de Hoffmann (1993, p. 52) a respeito do funcionamento da escola:

*Poderá a escola entender como possível a formação de turmas homogêneas? Poderemos conceber um grupo de alunos como "iguais" em sua maneira de compreender o mundo? Poderão os professores encontrar critérios precisos e uniformes para avaliar o desempenho de muitas crianças? Corrigir tarefas por gabaritos únicos?*

Ao refletirmos sobre as questões anteriores, devemos levar em consideração o fato de que uma sala de aula é composta por alunos vindos de diferentes classes sociais, logo, com experiências de vida distintas. Assim sendo, como padronizá-los durante o processo de ensino e aprendizagem?

A fim de ilustrar tal situação, citamos o seguinte exemplo, dado por Hoffmann (1993, p. 52): uma classe de alfabetização, composta por alunos vindos de diferentes ambientes. Crianças que, desde cedo, conheceram a rua, trabalharam e cuidaram dos irmãos menores para os pais trabalharem. Nessa mesma sala, encontram-se outras crianças que viveram, durante esse mesmo tempo, protegidas em casa, sem nunca saírem sozinhas na rua, com todo o conforto e proteção que os pais puderam lhes proporcionar, tendo acesso a televisão, jogos eletrônicos, brinquedos, livros de histórias infantis.

Com base na situação anteriormente descrita, a autora questiona: "Como poderão essas crianças serem comparadas na escola, em termos de suas 'capacidades'"? (Hoffmann, 1993, p. 53).

É fato que todas as crianças aprenderam muitas coisas a partir de suas vivências. Mas, segundo Hoffmann (1993, p. 53), devido à diversidade das experiências vivenciadas, torna-se bastante difícil para o professor ou qualquer outro profissional explicar os vários entendimentos que se apresentam sobre os mesmos fenômenos. Assim, por exemplo, não podemos esperar que todas tenham as mesmas atitudes ou compreensão dos diferentes materiais de leitura. Nesse sentido, a referida autora acrescenta que o aluno constrói o seu conhecimento na interação com o meio em que vive. Portanto, as condições desse meio, a vivência de diferentes situações e a exploração de objetos vão influenciar o sujeito, ao passar pelos diferentes estágios de desenvolvimento, até ser capaz de estabelecer relações cada vez mais complexas e abstratas. Nesse sentido, os entendimentos que os alunos têm diante de umas e outras áreas do conhecimento são decorrentes das experiências vivenciadas antes de iniciarem o processo de escolarização.

Segundo Piaget e Szeminska (1975), o desenvolvimento do sujeito se dá por meio de estágios evolutivos do pensamento, a partir de sua maturação e suas vivências, nos quais "os novos comportamentos cujo aparecimento define cada fase apresentam-se sempre como um desenvolvimento das fases precedentes". Sob esse aspecto, o desenvolvimento está relacionado ao meio social, que pode acelerá-lo ou retardá-lo.

Assim, para que os alunos avancem na aprendizagem é fundamental que os objetivos de ensino estejam coerentes com eles, considerando os diferentes estágios evolutivos do pensamento. Tal conhecimento é essencial para que o professor não incorra no erro de propor atividades com grau de complexidade maior do que aquele que o aluno está pronto para realizar. Como exemplo de tal situação, Hoffmann (1993, p. 53) cita o ensino de regras gramaticais de natureza arbitrária nas séries iniciais do ensino fundamental. Segundo a autora, esse tipo de atividade está fora do alcance dos alunos, uma vez que eles estão em busca da lógica e do concreto. Logo, ainda não conseguem compreender a arbitrariedade das convenções do sistema linguístico.

Ainda na concepção de Hoffmann (1993, p. 54), ao entendermos a aprendizagem como a sucessão de aquisições constantes e dependentes da oportunidade que o meio oferece, também devemos ter em mente que cabe ao professor assumir o compromisso perante as diferenças individuais dos alunos. Salientamos que a compreensão do aluno sobre um ou outro tema não depende exclusivamente da explicação clara do professor, também está relacionada as suas vivências anteriores.

Hoffmann (1993, p. 56) observa que, "se os entendimentos dos alunos decorrem de sua experiência de vida, o mesmo acontece com o educador". Nesse sentido, a autora afirma que "há diferentes maneiras do aluno compreender o professor, a matéria, o que a escola lhe pede; há diferentes maneiras do professor compreender o aluno, pelo seu maior ou menor domínio em determinadas áreas de conhecimento, expectativas predeterminadas. É preciso observar e refletir". Temos de levar em consideração os aspectos subjetivos do professor e dos alunos, especialmente os aspectos emocionais, os quais se manifestam nas interações estabelecidas no interior do processo de ensino.

Com base no aporte teórico até aqui mencionado, constatamos que, ao respeitar as características individuais dos alunos, o professor está prevenindo o aparecimento de problemas de aprendizagem. Mas, se mesmo assim o aluno não conseguir avançar nos estudos, questionamos: Por que o aluno não aprende? Essa será a nossa próxima reflexão.

## (6.3)
# Por que o aluno não aprende?

Segundo Hoffmann (1993, p. 56), ao entendermos a construção do conhecimento como um processo constante e sucessivo, a negativa "não aprende", usada na pergunta, torna-se incoerente. Nessa perspectiva, não há espaço para a não aprendizagem.

Para Freire (1999, p. 81), "A educação crítica considera os homens como seres inacabados, incompletos, em uma realidade igualmente inacabada e juntamente com ela". Portanto, nessa perspectiva, o aluno está em permanente processo de aprendizagem, ou seja, ele ainda não aprendeu. Assim, cabe ao professor investigar, avaliar a natureza dos desencontros do aluno com a aprendizagem. Esse não é um caminho que o professor possa traçar objetivamente, é preciso que tenha sensibilidade para ir além dos aspectos formais da aprendizagem (desempenho cognitivo) e que leve em consideração os aspectos afetivos e/ou emocionais do aluno perante a aprendizagem. Dessa forma, o professor será capaz de reconduzir o processo de ensino, assim como de perceber a necessidade de encaminhar o aluno com dificuldade de aprendizagem para atendimento especializado, seja na área da psicologia ou na da psicopedagogia ou em qualquer outra.

Dizer que o aluno não aprende ou considerá-lo incapaz de aprender é um absurdo, afirma Grossi (2008, p. 20). Na perspectiva dessa educadora, é papel do professor, ao deparar-se com situações de dificuldades de aprendizagem, investigar o motivo que impede o aluno de compreender os conteúdos trabalhados.

A partir do momento em que constata a dificuldade ou o obstáculo que está impedindo o aluno de aprender, o professor deve planejar diferentes maneiras de ensinar o assunto que está sendo trabalhado, já que os alunos têm históricos variados e ritmos de aprendizagem diferenciados. Ainda na visão de Grossi (2008, p. 20), "o maior desafio de quem educa é descobrir maneiras diferentes de ensinar a mesma coisa". Essa autora também afirma que "é papel do educador se questionar sobre a abordagem do conteúdo. Ela despertou curiosidade? O indivíduo encontrou utilidade no que foi apresentado?" (Grossi, 2008, p. 20).

É com base nessas indagações e nas respostas que, segundo a autora, o professor deve pensar estratégias para abordar o tema, assim como as atividades a serem propostas e como avaliar os avanços dos alunos.

Além de refletir sobre a prática pedagógica, a fim de buscar novas estratégias de ensino, cabe ao professor abrir espaço para o diálogo, garantindo aos alunos o "direito de perguntar o que não entenderam, quantas vezes quiserem, sem medo de ser rotulados, ameaçados ou castigados" (Grossi, 2008, p. 20). O professor deve transmitir segurança para os alunos e, para tanto, segundo a autora, estes devem acreditar que o educador gosta de ensinar e, mais do que isso, saber que ele está cumprindo sua função.

Por fim, fazemos nossas as palavras de Grossi (2008), quando esta observa que, embora seja comum ver estudantes mais aptos para umas disciplinas do que para outras, todos os alunos podem desenvolver suas capacidades intelectuais e cognitivas. O diferencial encontra-se na ação do professor.

Até o presente momento, refletimos sobre o fracasso escolar, na perspectiva do processo de ensinagem. Mas como o professor deve proceder nos casos em que o fracasso escolar está associado às dificuldades (distúrbios) de aprendizagem do aluno?

# (6.4)
# A atitude pedagógica do professor diante dos problemas de aprendizagem

É importante observar que estamos utilizando a expressão *distúrbio de aprendizagem* de maneira genérica, para nos referirmos aos diferentes tipos de alterações que possam aparecer no desenvolvimento do sujeito, interferindo no seu desenvolvimento. Nesse sentido, recorremos ao pensamento de Collares e Moysés (1993, p. 32), para os quais:

> *Distúrbio de aprendizagem é um termo genérico que se refere a um grupo heterogêneo de alterações manifestas por dificuldades significativas na aquisição e uso da audição, fala, leitura, escrita, raciocínio ou habilidades matemáticas. Estas alterações são intrínsecas ao indivíduo e presumivelmente devidas à disfunção do sistema nervoso central. Apesar de um distúrbio de aprendizagem poder ocorrer concomitantemente com outras condições desfavoráveis (por exemplo, alteração sensorial, retardo mental, distúrbio social ou emocional) ou influências ambientais (por exemplo, diferenças culturais, instrução insuficiente/inadequada, fatores psicogênicos), não é resultado direto dessas condições ou influências.*

Acrescentamos ainda que, independentemente de o aluno apresentar dificuldades (distúrbios) na aprendizagem, cada sujeito é único e desenvolve-se dentro do seu próprio ritmo, a partir da bagagem de conhecimentos que construiu e das experiências vivenciadas nas diversas relações com o meio no qual se encontra inserido.

Retomando a questão inicial, devemos nos perguntar: Que atitude, enquanto educadores, podemos tomar para evitar que alunos com dificuldade (distúrbios) de aprendizagem não sejam condenados ao fracasso escolar? Primeiramente, lembramos que Weisz (2003, p. 65) é muito feliz ao afirmar que o processo de aprendizagem não responde necessariamente ao processo de ensino, como costumamos imaginar. Essa autora ressalta que "não existe um processo único de 'ensino-aprendizagem'", como muitas vezes se diz, mas dois processos distintos: o de aprendizagem, desenvolvido pelo aluno, e o de ensino, desenvolvido pelo professor. Ainda na visão de Weisz (2003, p. 65), embora esses dois processos se comuniquem, não se confundem, ou seja, o professor é o sujeito do processo de ensino e o aluno é o sujeito do processo de aprendizagem.

A partir do pensamento anteriormente exposto, entendemos, assim como Weisz (2003, p. 65), que "o professor é que precisa compreender o caminho de aprendizagem que o aluno está percorrendo naquele momento e, em função disso, identificar as informações e as atividades que permitam a ele avançar do patamar de conhecimento que já conquistou para outro mais evoluído".

Enfatizamos mais uma vez que essa atitude do professor não deve ficar restrita aos casos de alunos com dificuldade de aprendizagem, mas estender-se a todos os alunos, uma vez que, como mencionamos anteriormente, cada aluno apresenta um ritmo de aprendizagem que lhe é peculiar e precisa ser respeitado.

Ressaltamos ainda que o processo de ensino deve dialogar com o de aprendizagem e, nesse diálogo entre professor e aprendiz, cabe ao docente organizar situações de aprendizagem que possibilitem o avanço do conhecimento do aluno. Nesse sentido, ainda com base no pensamento de Weisz (2003, p. 98), cabe ao professor planejar propostas de atividades dirigidas com a intenção de favorecer a ação do aprendiz sobre determinado objeto de conhecimento, uma vez que essa ação está na origem de toda e qualquer aprendizagem.

Caso o professor perceba que, em algum momento, algum aluno encontra-se perdido ou atrapalhado (independentemente do tipo de dificuldade que apresentar) em relação aos conteúdos trabalhados, ele precisa receber ajuda pedagógica.

Como exemplo de ações que a escola pode oferecer, Weisz (2003, p. 98) menciona desde a realização de atividades diferenciadas durante a aula, como o trabalho em grupo, para que os colegas possam ajudá-los a avançar, até as intervenções pontuais que o professor pode propor. Além destas, que são propostas realizadas na classe, a autora observa que, às vezes, "vale a pena o encaminhamento dos alunos a espaços escolares alternativos, que acolham alunos com dificuldades momentâneas, exatamente para garantir que elas sejam momentâneas" (Weisz, 2003, p. 98). Para tanto, Weisz (2003, p. 97) menciona que a escola deve dispor de grupos de apoio pedagógico, com a finalidade de contribuir para a aprendizagem dos alunos que estão encontrando dificuldades em relação aos conteúdos ensinados. Ainda na concepção da autora, a escola pode criar projetos que garantam horários de atendimento desses alunos, antes ou depois do período de aula. Por fim, Weisz (2003, p. 98) enfatiza que a escola pode fazer o que considerar mais conveniente para enfrentar o problema, só não pode deixar os alunos acumularem dificuldades, pois isso a impede de cumprir o seu papel de ensinar.

A mesma autora aponta para a necessidade de que os alunos entrem e saiam dessas atividades de apoio pedagógico na medida de suas necessidades, que não sejam estigmatizados por participarem delas e que esse processo seja visto como parte integrante da escolaridade normal de qualquer aluno. Para tanto, enfatiza que é preciso que as bases do contrato didádico que rege esse trabalho devem ser muito bem explicadas para os alunos, a fim de que todos eles saibam exatamente qual é a sua finalidade e compreendam que não se destina aos menos inteligentes (Weisz, 2003, p. 98).

Para Weisz (2003, p. 97), é papel da escola, quando esta assume a responsabilidade com a aprendizagem de todos, criar um sistema de apoio para que esses alunos não se percam pelo caminho. As dificuldades precisam ser detectadas rapidamente e levadas em consideração durante o processo de ensino, para que os alunos sejam apoiados e continuem progredindo, evitando a formação de bloqueios.

Ainda de acordo com essa autora (Weisz, 2003, p. 97), é diante de situações que provocam sentimento de impotência que o aluno se desinteressa pelas atividades escolares. Não suportar o fracasso continuado é uma condição humana. Assim, antes que os alunos desistam de aprender, a escola precisa criar formas de apoio à aprendizagem, a fim de evitar que fiquem desmotivados e acabem se afastando dela.

( . )
## Ponto final

O presente capítulo teve como objetivo levar o leitor a refletir sobre "o papel do professor ante o fracasso escolar". Para tanto, inicialmente propusemos a diferenciação entre o fracasso escolar e a dificuldade de aprendizagem. Na sequência, analisamos o papel do professor na dificuldade de ensinagem, buscando-se explicar como esse processo é desencadeado. No próximo item, enfocamos o compromisso do professor diante das diferenças individuais dos alunos. Com base na pergunta "Por que o aluno não aprende?", convidamos o leitor a pensar sobre os fatores envolvidos na não aprendizagem. Finalizando, trouxemos como temática a atitude pedagógica do professor preocupado em prevenir o fracasso escolar dos alunos com dificuldade de aprendizagem.

## Atividades

1. Diferencie o fracasso escolar das dificuldades de aprendizagem, com base na concepção de Polity (2003).

2. Explique o termo *ensinagem* a partir da concepção de Polity (2003).

3. Quais os possíveis fatores que podem desencadear um quadro de dificuldade de ensinagem?

4. Responda, com base nas suas convicções, à pergunta: "Por que o aluno não aprende?". Justifique teoricamente sua resposta.

5. É fundamental, para que os alunos avancem na aprendizagem, que os ................................................. estejam coerentes com eles, considerando os diferentes ................................. do pensamento. Tal conhecimento é fundamental para que o professor não incorra no erro de propor atividades com grau de complexidade maior do que aquela que o aluno está pronto para realizar.

6. Nas afirmativas a seguir, assinale (V) para as verdadeiras ou (F) para as falsas:

   (  ) O distúrbio de aprendizagem é resultado direto das condições desfavoráveis (por exemplo, alteração sensorial, retardo mental, distúrbio social ou emocional) ou influências ambientais (por exemplo, diferenças culturais, instrução insuficiente/inadequada, fatores psicogênicos).

   (  ) Independentemente de o aluno apresentar dificuldades (distúrbios) na aprendizagem, cada sujeito é único e desenvolve-se dentro do seu próprio ritmo, a partir da bagagem de conhecimentos que construiu e das experiências vivenciadas nas diversas relações com o meio no qual se encontra inserido.

   (  ) O processo de aprendizagem é uma resposta ao processo de ensino no qual o professor é responsável pelo ensino e o aluno, pela aprendizagem.

   (  ) O professor precisa compreender o caminho de aprendizagem que o aluno está percorrendo naquele momento e, em função disso, identificar as informações e as atividades que permitam a ele avançar do patamar de conhecimento que já conquistou para outro mais evoluído.

( 7 )

Uni-duni-tê: o brincar,
o jogar e a aprendizagem!

*Christiane Martinatti Maia é graduada em Pedagogia – Séries Iniciais e Matérias Pedagógicas do Segundo Grau pela Universidade Federal do Rio Grande do Sul (UFRGS), especialista em Psicopedagogia Institucional e Clínica pela Faculdade Porto-Alegrense (Fapa). É também mestre em Educação, ênfase em Educação Especial, pelo Programa de Pós-Graduação em Educação da UFRGS (PPGEdu/UFRGS) e doutoranda em Educação pela mesma instituição.*

*Christiane Martinatti Maia*

O presente capítulo visa discutir a importância do brincar e do jogar nos distintos espaços escolares e sua relação com o processo de aprendizagem. Desse modo, serão apresentados conceitos e problematizações acerca da importância do brincar e do jogar no espaço educativo e a necessidade da redescoberta de jogos e brincadeiras antigas.

## (7.1)
# Um pouco de história: a origem dos brinquedos

> *Nós não paramos de brincar porque envelhecemos, mas envelhecemos porque paramos de brincar.*
> *– Oliver Wendell Holmes*[a].

Bonecas Barbie, Susi, de pano, de louça; bicicleta, patinete; cinco-marias, bolhas de sabão, amarelinha ou sapata; bilboquê, pião, caleidoscópio, cavalo de pau; bambolê, bola, bola de gude, ioiô, peteca, perna de pau, jogo da velha, varetas, pipa, cata-vento. Brinquedos, jogos antigos. LEGO®, PLAYMOBIL®, robôs, quebra-cabeças, *video games*, jogos eletrônicos. Alguns dos brinquedos atuais. Uma pergunta: Conhecemos as brincadeiras, os brinquedos antigos? Sua história? Quem brincava com eles? Qual a origem, a história dos brinquedos?

Brincar não é somente coisa de criança, brincar é coisa séria: está relacionado à cultura de um povo, às suas crenças religiosas, aos seus hábitos e costumes, ao seu desenvolvimento tecnológico, à visão de determinada sociedade sobre infância, desenvolvimento e aprendizagem.

Atzingen (2001) nos auxilia na construção histórica da linha de tempo relacionada ao brincar. Por exemplo: quando pensamos em uma boneca, provavelmente visualizamos as de plástico, silicone, entre outros materiais. Mas as primeiras bonecas eram feitas de argila ou madeira e associadas a rituais, na África e na Ásia, há mais de 40 mil anos.

---

a. Citado por Passos (1999).

Gregos e romanos já possuíam bonecas COM BRAÇOS E PERNAS ARTICULADAS E CABELO HUMANO (Atzingen, 2001, p. 6). As meninas gregas paravam de brincar com suas bonecas apenas às vésperas de seu casamento, quando as ofertavam a Afrodite – deusa da fecundidade e do amor. Os meninos romanos, por sua vez, brincavam com seus soldados, feitos de argila e cera.

Na Idade Média, as bonecas ficaram conhecidas como *embaixatrizes da moda*, pois alguns costureiros da época vestiam-nas com suas criações e as enviavam para a corte, a fim de que rainhas, damas, entre outras, escolhessem suas criações.

Desde então, as bonecas começaram a fazer parte do cotidiano de todas as culturas, sendo construídas de borracha dura, massa, porcelana, pano, *biscuit*, madeira, argila, celuloide, entre outros materiais.

Mas foi a partir do século XX, conforme as ideias de Atzingen (2001) e outros autores, que as bonecas tiveram ampla circulação – feitas de borracha e plástico, ganharam versões que mexiam olhos, davam risadas etc. A boneca mais vendida, atualmente, no mundo inteiro, foi criada em 1959, nos EUA: a Barbie. A Susi, com características físicas completamente diferenciadas das da Barbie, foi lançada no Brasil em 1962.

Atualmente, temos bonecas mecânicas programadas eletronicamente, que choram, conversam, riem etc., aquelas que utilizam roupas de silicone ou possuem com ímãs como a Polly – produzida pela empresa Mattel, que também produz a Barbie. Mas, e os jogos e as brincadeiras antigas?

A amarelinha, ou sapata, tem raízes no jogo romano dos odres, "em que os jogadores deveriam saltar, num pé só, sobre sacos feitos com a pele do bode, untados com azeite" (Atzingen, 2001, p. 49). Os romanos são responsáveis também pelas bolhas de sabão, feitas com um canudo de palha.

As cinco-marias é um jogo pré-histórico, sendo utilizados, além dos tradicionais saquinhos de pano com areia ou cereais, caroços de frutas, ossos e pedras para a brincadeira.

Atzingen (2001, p. 57) destaca que os piões surgiram cerca de 3 mil anos a.C., na Babilônia: "já existiam os piões, feitos de argila e com as bordas decoradas com formas animais e humanas ou relevos. Elas foram encontradas em túmulos de crianças, assim como as bolas de gude. [...] Os piões também foram encontrados nas escavações de Pompeia (Itália)".

Feita de fibra de bambu ou de crinas de animais, redonda ou oval, a bola é um dos brinquedos mais antigos, utilizado há mais de 6.500 anos no Japão e na China. A bexiga de boi era o material usado por gregos e romanos para a construção da bola. Somente a partir de 1894, com Charles Miller, a bola de futebol e as regras do jogo chegaram ao Brasil.

Bolinhas de pedra, argila, madeira ou osso de carneiro: essa é a origem das bolinhas de gude. Nozes, avelãs, azeitonas e pedras semipreciosas também serviram como base para o jogo que remonta à pré-história. Conforme Atzingen (2001, p. 78), "gude era o nome dado às pedrinhas redondas e lisas retiradas do leito dos rios".

Há 3 mil anos, na China, já havia ioiôs de marfim, com cordões de seda. Nas cortes europeias, ganharam joias e padrões geométricos como adornos.

Antes de ser um brinquedo, a pipa, pandorga ou papagaio era um dispositivo de sinalização militar presente na China, 1000 a.C. que comunicava códigos de mensagens entre os campos. Mas de dispositivo militar transformou-se em um dos brinquedos antigos mais conhecidos atualmente, com direito a campeonato.

Os dados em cubos já eram jogados na Grécia, porém, de forma piramidal, já existia na Índia, Egito e Pérsia. Inicialmente serviam para tirar a sorte. Eram feitos de marfim, osso, madeira e, inclusive, de ouro e pedras semipreciosas. Durante séculos foi associado aos jogos de azar. O jogo da velha data de, aproximadamente, 1400 a.C., sendo descoberto em escavações no Templo de Kurna, no Egito. Foram encontrados tabuleiros desse jogo, inclusive, em catedrais inglesas.

*Pe'teka*, em tupi, significa "bater", pois a peteca é um brinquedo de origem indígena brasileira, construído, inicialmente, com uma trouxinha de folhas cheia de pedras, amarrada a uma espiga de milho. Os portugueses o levaram para o resto do mundo e, em 1985, foi reconhecida pelo Conselho Nacional dos Desportos como esporte oficial (Atzingen, 2001, p. 146).

Mas o que a história dos brinquedos tem para nos contar? Que o brincar, o jogar, historicamente, não estão associados à infância, à COISA DE CRIANÇA, mas sim aos sujeitos de todas as faixas etárias. O que se percebe ao longo da história é que os seres humanos brincavam, tendo as crianças se apropriado do brincar progressivamente. Mas, então, por que hoje o ser humano joga e a criança brinca?

(7.2)

## Um pouco sobre o brincar: como vemos o brincar da criança?[b]

A utilização do brinquedo, como vimos por meio do histórico no item anterior, ocorreu como um processo gradual, simultâneo ao desenvolvimento cultural dos povos. Esse fato comprova a imutabilidade das NECESSIDADES INFANTIS e que, em qualquer tempo, em qualquer lugar, a criança brinca, pois O BRINCAR seria o seu meio de expressão e crescimento: um crescimento social.

Sendo assim, o brincar estabelece relações diferenciadas ao longo da história, pois esse mundo infantil seria reinventado a cada dia, em cada época (Chateau, 1987). O brincar pressupõe uma aprendizagem social: APRENDE-SE A BRINCAR. É um brincar inserido em um contexto social, cultural. Brougère (2000, p. 97) afirma que:

> A criança está inserida, desde o seu nascimento, num contexto social e seus comportamentos estão impregnados por essa imersão inevitável. Não existe na criança uma brincadeira natural. A brincadeira é um processo de relações interindividuais, portanto, de cultura. É preciso partir dos elementos que ela vai encontrar em seu ambiente imediato, em parte estruturado por seu meio, para adaptar as suas capacidades. A brincadeira pressupõe uma aprendizagem social. Aprende-se a brincar.

---

b. Excerto da dissertação de mestrado de Christiane Martinatti Maia, defendida, em 2000, no PPGEdu/UFRGS, intitulada *Brincar, não brincar: eis a questão? Um estudo sobre o brincar do portador de altas habilidades*.

Desse modo, é importante destacar que aprende-se a brincar: um brincar constituído nas relações sociais e na cultura e relacionado à infância, à coisa de criança, nos dias atuais. Conforme Charlot (1983),

> na criança, é a si próprios que o adulto e a sociedade contemplam. Elaborar uma imagem da criança é tomar partido sobre o que somos, o que queremos ser e sobre o que não queremos ser, sobre o que nos devemos tornar e sobre o que devemos evitar [...] a imagem da criança é, assim, o reflexo do que o adulto e a sociedade pensam de si mesmos.

Após a construção do conceito de infância[c], entre os séculos XVII e XVIII, percebe-se a separação entre crianças e adultos, inclusive na relação com o brinquedo: antes, todos brincavam, indiferentemente de idade e gênero, mas, com o conceito de infância, as relações com o brincar e o jogar se transformaram.

De acordo com Chateau (1987, p. 35), "a infância serve para brincar e para imitar. Não se pode imaginar a infância sem seus risos e brincadeiras". Para ele, a infância é a aprendizagem necessária à vida adulta: "uma criança que não sabe brincar, uma miniatura de velho, será um adulto que não saberá pensar".

Pela atividade lúdica, a criança, além de desenvolver suas capacidades afetivas, motoras e cognitivas, apropria-se de construções sociais, significados culturais que

---

c. Neste estudo, tomamos a concepção de INFÂNCIA de Kramer (1996). Para essa autora, infância seria uma experiência de vida, historicamente construída, culturalmente produzida. Para Kramer (1982, p. 18) "este conceito de infância é, pois, determinado historicamente pela modificação nas formas de organização da sociedade". Falar em criança, para ela, seria concebê-la em sua "condição de ser histórico, político e cultural" (Kramer, 1996, p. 13).

possibilitam sua inserção no mundo adulto, ou seja, não há uma simples brincadeira, mas sim, em toda a atividade de brincar, a criança assimila significados sociais, culturais, internalizando-os, construindo e ressignificando conceitos culturais, sociais, escolares, entre outros.

Assim, para o autor, a criança que não brinca não se aventura em algo desconhecido. Ao brincar, fantasiar, sonhar, ela revela ter aceitado o desafio do crescimento, a possibilidade de errar, tentar, arriscar, criar, ou seja, aprender.

Para Chateau (1987), o brincar constitui-se em um mundo à parte que não tem mais lugar no mundo dos adultos porque seria um outro mundo, um outro universo. Pelo brincar, a criança afirma seu ser e constrói sua autonomia.

Benjamin (1984, p. 14) nos auxilia a entender que, "de maneira geral, os brinquedos documentam como o adulto se coloca em relação ao mundo da criança". Para esse autor, o adulto acredita que a criança tem direito de brincar porque é criança, enquanto ele possui esse mesmo direito porque trabalha, mas somente quando não está trabalhando.

O jogo da criança, para o adulto, costuma ser uma atividade desvalorizada, característica da infância, ainda não responsável. Assim, para o adulto, o brincar é uma atividade de não trabalho, reservada para um semelhante muito diferenciado e que não possui responsabilidade. Por conseguinte, a criança somente tem direito a brincar depois de terminar suas tarefas escolares.

Dessa forma, o brincar exerce relações sobre o adulto. O brincar não só expressa as possibilidades que a criança dispõe de se opor à sua dependência e de adquirir certa autonomia, como também simboliza uma das formas mais variadas e construtivas de possibilitar o relacionamento com o adulto.

Segundo Benjamin (1984, p. 72),

*o brinquedo, mesmo quando não imita os instrumentos dos adultos, é confronto na verdade não tanto da criança com os adultos, do que destes com as crianças. Pois de quem a criança recebe primeiramente seus brinquedos senão deles? [...] Há, portanto um grande equívoco na suposição de que as próprias crianças movidas pelas suas necessidades determinam todos os brinquedos.*

Chateau (1987) considera que o maior sonho da criança seria o de ser adulta. Os adultos seriam os DEUSES que ela adora, admira, a quem copiaria os atos e as atividades. Sendo assim, no jogo da criança haveria a sombra do mais velho impulsionando-o, dirigindo-o muitas vezes: "Toda a infância é sustentada, impulsionada pelo apelo do mais velho" (Chateau, 1987, p. 36).

O jogo é um brinquedo constituindo-se em um fato social produzido historicamente, culturalmente. Um jogo sendo ensinado. Um jogo sendo aprendido. Um jogo delegado pelos adultos. Mas será que nós, adultos, conhecemos todos os jogos e brincadeiras atuais?

Benjamin (1984, p. 68) salienta que "uma emancipação do brinquedo começa a se impor; quanto mais a industrialização avança, mais decididamente o brinquedo subtrai-se ao controle da família, tornando-se cada vez mais estranho não só às crianças, mas também aos pais".

Jogos eletrônicos, jogos na internet, PLAYSTATION®, Xbox®, minigame, robôs interativos, iDog. Jogos desconhecidos de nossa infância. Jogos associados ao avanço das tecnologias da comunicação e da informação. Jogos necessários, assim como a redescoberta dos jogos e brincadeiras antigos, pois a criança necessita correr, se esconder, brincar com sucatas: criando, recriando e não somente tornando-se cibernética – uma criança virtual, que passa horas em frente a um computador, jogando, conversando via comunicadores instantâneos, criando perfis em *sites* de relacionamentos, mas que, muitas vezes, não sabe brincar. Será? Mas o que nós, profissionais da educação, podemos fazer?

## (7.3)
## Brincar e educação: quais jogos?

Resta 1, tangram, xadrez, bingo, Banco Imobiliário, *top* letras, quebra-cabeças, batalha naval, senha, LEGO®, PLAYMOBIL®, entre outros, são alguns dos jogos utilizados em sala de aula e que acabam tornando-se pedagógicos. Brougère (1998, p. 33) salienta que, nas atividades controladas pelos adultos (professores, pais), a criança

> não possui nem a iniciativa do jogo, nem o controle de seu conteúdo e de seu desenvolvimento. O controle pertence ao adulto que assim pode assegurar-se do conteúdo didático assim transmitido. Trata-se de utilizar o interesse da criança pelo jogo para despistá-lo, para transformá-lo numa boa causa.

É importante, desse modo, que os educadores, antes de proporem regras específicas associadas à aprendizagem, possibilitem aos educandos o jogo em si, com suas regras específicas, bem como com regras criadas pelos sujeitos. Assim, a proposta pedagógica deve ser apresentada após o jogar dos educandos, sem preocupação conteudista.

O jogo a ser trabalhado em sala de aula deve ser conhecido pelo professor, ou seja, devemos previamente jogar os jogos que vamos apresentar em sala de aula para os educandos, para que possamos descobrir quais os símbolos e o significado daquele brinquedo. Brougère (2000, p. 40) destaca que:

> Cada cultura dispõe de um "banco de imagens" consideradas como expressivas dentro de um espaço cultural. É com essas imagens que a criança poderá se expressar, é com referência a elas que a criança poderá captar novas produções [...] o brinquedo é, com suas especificidades, uma dessas fontes. Se ele traz para a criança um suporte de ação, manipulação, de conduta lúdica, traz-lhe, também, formas e imagens, símbolos para serem manipulados.

Desse modo, retomando, quais as imagens ou os símbolos existentes nos brinquedos que exigem a ação, a manipulação do sujeito?

A mídia, atualmente, alimenta o brincar das crianças e dos jovens, modificando-o de tempos em tempos. Brougère (2000, p. 56) afirma que "a televisão não se opõe à brincadeira, mas alimenta-a, influencia-a, estrutura-a, na medida que a brincadeira não nasceu do nada, mas sim daquilo com que a criança é confrontada".

Uma das formas de o professor e a escola possibilitarem, além do jogo pedagógico, o brincar, as atividades lúdicas, seria a construção de uma brinquedoteca. Esse espaço garantiria o acesso a diferentes brinquedos e brincadeiras: seria um espaço lúdico por excelência. Nesse ambiente, os educandos poderiam manipular diferentes brinquedos, bem como redescobrir brincadeiras antigas e jogos cantados.

Brougère (2000, p. 43) destaca que "manipular brinquedos remete entre outras coisas a manipular significações culturais originada numa determinada sociedade". Assim, na brinquedoteca, além dos brinquedos variados, deveria haver espaço para a sucatoteca, a contação de histórias, a música e as oficinas de formação para pais e professores. Ela se tornaria, inclusive, um espaço para o trabalho interdisciplinar.

A brincadeira de luta, uma das mais apreciadas pelos meninos, pode ser problematizada no espaço pedagógico, na brinquedoteca. Brougère (2000, p. 80) observa, porém, que "a brincadeira de guerra, de luta, não é um acidente cultural, está de acordo com a situação em que se encontra a criança, diante da violência do mundo, face à cultura que exalta certas formas de violência (a boa violência) diante da estrutura e do papel da brincadeira".

Assim, cabe aos educadores não negar ou escolher brincadeiras que considerem positivas, cabíveis de transmissão de conteúdos escolar apenas, mas sim atividades lúdicas necessárias ao sujeito – brinquedos e brincadeiras aos quais desejam vivenciar, pois não podemos ignorar que é o meio o responsável pelo desenvolvimento do jogo, da atividade lúdica.

Como brincar e jogar na escola, então? Algumas perguntas deveriam ser feitas, entre elas: Como as crianças e os jovens brincam hoje? Quais os brinquedos e brincadeiras presentes no cotidiano destes? Quais brincadeiras e brinquedos devem ser redescobertos? O que é brincar?

Sapata, cinco-marias, pega-pega, LEGO®, PLAYSTATION®, cama de gato, bambolê: brincadeiras e brinquedos tão diferenciados, que captam os distintos tempos históricos, as distintas culturas e relações sociais e econômicas. Constituem um brincar que não tem certo nem errado, que é fabuloso por ser incerto. Conforme Brougère (1998, p. 194),

> *Este é o paradoxo do jogo, espaço de aprendizagem cultural fabuloso e incerto, às vezes aberto, mas também fechado em outras situações: sua indeterminação é seu interesse e, ao*

*mesmo tempo, seu limite. [...] O jogo que, por vezes, pode ser uma escola de conformismo social, de estrita adaptação a situações dadas, pode se tornar igualmente um espaço de invenção, de curiosidade e de experiências diversificadas, por menos que a sociedade ofereça os meios às crianças.*

Assim, o brincar é essencial para o desenvolvimento humano e sua aprendizagem. Desse modo, brincando é que se aprende, e brincar é coisa séria. Quem disse que brincar é coisa de criança enganou-se: o adulto também brinca e, se não brinca, é porque esqueceu do *homo ludens* que nos habita. Assim, convidamos vocês: Vamos brincar, reaprender a brincar!

( . )
## Ponto final

Com olhos de criança! Sim, com olhos de criança devemos reaprender a brincar, jogar, inventar, construir novas relações, imaginar. Carecemos, atualmente, de atividades lúdicas que levem a crianças e jovens a essência do brincar: a imaginação!

Castelos de areia, mundos de príncipes e princesas, pular, correr, se esconder, andar de bicicleta, patinete, *skate*, carrinho de rolimã – será que isso ainda existe?

Uma sociedade que esquece da importância do brincar e do brinquedo para suas crianças e seus jovens é uma sociedade que os tornam adultos – miniadultos –, que os envelhece antes do tempo. Assim, a educação deve retomar o uni-duni-tê. Em outras palavras, vamos brincar!?

# Atividade

1. Nas afirmativas a seguir, assinale (V) para as verdadeiras e (F) para as falsas. Todas as alternativas falsas devem ser justificadas teoricamente:

    ( ) O brincar pressupõe uma aprendizagem social, ou seja, aprendemos a brincar. É um brincar que se modifica de tempos em tempos, associado à cultura.

    ( ) Nas atividades dirigidas pelos adultos, como os jogos pedagógicos, a criança possui a iniciativa do jogo e o controle de seu conteúdo.

    ( ) Para o adulto, a criança brinca, pois brincar seria uma atividade desprovida de importância. Por isso, a criança brinca e o adulto joga, pois este trabalha.

    ( ) Um dos princípios básicos do trabalho pedagógico associado ao brincar é a utilização do lúdico para a transmissão de conteúdos programáticos.

    ( ) A televisão se opõe à brincadeira, ao jogo; desse modo, estrutura uma única proposta de brincar.

    ( ) Ao brincar, a criança, além de desenvolver suas capacidades afetivas, motoras e cognitivas, apropria-se de construções sociais, significados culturais que possibilitam sua inserção no mundo adulto.

( 8 )

Questões culturais e ambientais na aprendizagem: olhares de Vygotsky

*Christiane Martinatti Maia*

O presente capítulo, com base na teoria histórico-cultural, visa abordar as interfaces presentes entre aprendizagem, cultura, ambiente e mediação social e, também, o papel do professor e do adulto no processo de reconstrução de conceitos.

## (8.1)
## Algumas questões para a aprendizagem

> Tudo que existe existe talvez porque outra coisa existe. Nada é, tudo coexiste: talvez assim seja certo.
> – Fernando Pessoa[a]

Para Vygotsky (1989), constituímo-nos DE FORA PARA DENTRO, ou seja, por meios dos sistemas simbólicos, culturais. A base de nossa construção é a linguagem, sendo sua apropriação feita através da atividade social, das interações interpessoais.

Desse modo, podemos destacar que a concepção de desenvolvimento de Vygotsky tem uma base dialética, associada às relações entre o pessoal e o social, das qualidades dos processos de mediação existentes no cotidiano dos sujeitos, ou seja, de interação social: "O discurso da criança não é a atividade pessoal da criança [...] Somente considerando o discurso individual como parte do diálogo, da cooperação e da interação social é possível encontrar a chave para entender suas mudanças" (Daniels, 2002, p. 48).

As mudanças que ocorrem no sujeito são provenientes da cultura da sociedade na qual a criança está inserida. Vygotsky (1989) destacava a importância do brincar no cotidiano da criança, salientando que o desenvolvimento cultural dela se processaria por meio do brinquedo, do brincar. Em outras palavras, as construções sociais se

---
a. Pessoa (1982).

estabeleceriam no brincar. Baquero (2001, p. 103), utilizando as ideias de Vygotsky, auxilia-nos nessa questão:

> *Ainda que se possa comparar a relação brinquedo-desenvolvimento à relação instrução-desenvolvimento, o brinquedo proporciona um campo muito mais amplo para as mudanças quanto à necessidade e consciência. A ação na esfera imaginativa, numa situação imaginária, a criação de propósitos voluntários e a formação de planos de vida reais e impulsos volitivos aparecem ao longo do brinquedo, fazendo do mesmo o ponto mais elevado do desenvolvimento pré-escolar. A criança avança essencialmente através da atividade lúdica. Somente neste sentido pode-se considerar o brinquedo como uma atividade condutora que determina a evolução da criança.*

Nesse sentido, para o autor anteriormente citado, é por meio do brincar, do brinquedo, que a criança atua em uma esfera cognitiva associada a motivações internas. Assim, o pensamento da criança, antes determinado pelos objetos do exterior, passa a ser regido pelas ideias: "no brinquedo é como se ela fosse maior do que é na realidade" (Vygotsky, 1989, p. 117).

Portanto, ao brincar com uma boneca, a criança não se percebe como cuidadora de um bebê vivo, mas sim coloca-se no papel de mãe: sente-se mãe. Para o autor, os processos de imitação e internalização presentes no brincar, no brinquedo, possibilitariam a assimilação ativa de aspectos distintos do cotidiano que levam à organização interna dessa experiência.

A criança sempre brinca, desse modo, com interesses e necessidades relacionadas à sua idade, que acabam por desenvolver hábitos e habilidades necessárias para esta jogar. Nesse sentido, a criança nunca joga ou brinca da mesma forma, sendo o jogo e o brinquedo responsáveis pela articulação da diversidade das relações sociais.

Vygotsky, citado por Rego (1995, p. 71), não ignora as definições biológicas no sujeito, mas enfatiza a construção deste com base nas interações, mediações sociais, culturais: "o aprendizado é considerado, assim, um aspecto necessário e fundamental no processo de desenvolvimento das funções psicológicas superiores".

Essas funções se originam no cotidiano, na vida social, ou seja, sua estruturação tem uma base histórica e social. Vygotsky, citado por Baquero (2001, p. 32), destaca que:

> No desenvolvimento cultural da criança, toda função aparece duas vezes: primeiro, em nível social, e mais tarde em nível individual; primeiro entre pessoas (interpsicológica), e depois no interior da própria criança (intrapsicológica). Pode-se aplicar isto igualmente à atenção voluntária, à memória lógica e à formação de conceitos. Todas as funções psicológicas se originam como relações entre os seres humanos.

Podemos afirmar, assim, que as funções psicológicas suscitadas no plano das relações sociais possibilitam ao sujeito sua construção a partir dessas ligações. Nesse sentido, parafraseando Vygotsky, tornamo-nos "nós mesmos através dos outros", sendo o sujeito uma relação social de si consigo mesmo. Essa relação tem seu início no brincar. Góes (2000, p. 123) nos auxilia ao colocar que,

> No que concerne à relação eu-outro, parece-me interessante considerar o envolvimento da criança com esses "eus" fictícios e atentar para as diferentes formas pelas quais ela invoca e recria os outros na brincadeira. Ao assumir um "eu" fictício, a criança efetua, no plano imaginário, experimentações do lugar dos outros, o que contribui para que ela vá construindo seu eu

*nesse processo. Os papéis assumidos constituem diferentes "eus" fictícios, nas experimentações de ser o "outro". São vivências "do eu do outro", para usar a expressão de Bakhtin (1997).*

É necessário que, no espaço familiar, primeiro agente socializador da criança, haja possibilidades de desenvolvimento linguístico, relações afetivas e atividades lúdicas. Essas atividades devem estar relacionadas à faixa etária da criança, bem como às suas necessidades, pois, partindo das ideias de Vygotsky (1989), ensinar uma criança no que ela já sabe fazer é tão inútil quanto lhe ensinar o que ela não consegue aprender.

Ao ingressar na escola, os professores deverão fazer o elo entre os conhecimentos anteriores da criança, associados ao saber popular, e o conhecimento científico, que deveria estar presente no cotidiano pedagógico. Desvelar a história de vida da criança, para Vygotsky (1989), seria primordial para o professor, pois são as histórias de vida do grupo, com suas necessidades e potencialidades, as responsáveis pela construção da proposta de trabalho deste: a escolha da metodologia, a estruturação do planejamento e o processo avaliativo.

## (8.2)
## Tornar-se sujeito: a importância dos aspectos culturais e ambientais na aprendizagem

Vygostsky entende *cultura* como um produto do cotidiano social, sendo especificamente uma atividade social entre sujeitos. Desse modo, os sujeitos não seriam tão libertos e autônomos dos processos de interferência externa: "mesmo levado a cabo por um indivíduo agindo em isolamento, é inerentemente social, ou sociocultural, na medida em que incorpora ferramentas culturais socialmente evoluídas e socialmente organizadas" (Daniels, 2002, p. 70).

Parafraseando Sirgado (2000, p. 53), de forma mais ampla, para o autor, "tudo o que está associado ao cultural é social. Subentende-se, assim, que o campo social é bem maior que o cultural, ou seja, nem tudo que está associado ao social é cultural, mas tudo que está associado ao cultural é social". Nesse contexto, ainda segundo Sirgado (2000, p. 53),

> o social é, ao mesmo tempo, condição e resultado do aparecimento da cultura. É condição porque sem essa sociabilidade natural a sociabilidade humana seria historicamente impossível e a emergência da cultura seria impensável. É porém resultado porque as formas humanas de sociabilidade são produções do homem, portanto obras culturais.

A cultura, dessa forma, está impregnada de práticas sociais, tradições, práticas das instituições sociais, produções humanas relacionadas às questões técnicas, científicas e artísticas: TUDO QUE É OBRA DO SER HUMANO, QUE SOFRE AÇÃO DESTE. Ao longo dos períodos históricos diferenciados, com base nas questões culturais, Vygotsky (1997, p. 29-30) destaca que:

> A cultura cria formas especiais de comportamento, muda o funcionamento da mente, constrói andares novos no sistema de desenvolvimento do comportamento humano... No curso do desenvolvimento histórico, os seres humanos sociais mudam os modos e os meios de seu comportamento, transformam suas premissas naturais e funções, elaboram e criam novas formas de comportamento, especificamente culturais.

A aprendizagem do sujeito estaria relacionada a essas questões, pois são as relações sociais as responsáveis pela qualidade do processo de mediação e reconstrução do conhecimento, como salienta Vygotsky, citado por Sirgado (2000, p. 63):

> *Da mesma maneira que a vida da sociedade não representa um todo único e uniforme, e a sociedade é subdividida em diferentes classes, assim, durante um dado período histórico, a composição das personalidades humanas não pode ser vista como representando algo homogêneo e uniforme, e a psicologia deve levar em conta o fato fundamental que a tese geral que foi formulada recentemente só pode ter uma conclusão direta, confirmar o caráter de classe, a natureza de classe e as diferenças de classe que são responsáveis pela formação dos tipos humanos. As várias contradições internas que foram encontradas em diferentes sistemas sociais encontram sua expressão, ao mesmo tempo, no tipo de personalidade e na estrutura da psicologia humana neste período histórico.*

Partindo das ideias de Vygotsky, podemos destacar que as relações sociais acabam por demarcar as posições de classe e dos papéis associados a essas classes, e os sujeitos se relacionam com os outros com base nessas relações. Sirgado (2000, p. 64), também com base nas ideias de Vygotsky, salienta que as relações sociais constituem uma problemática que envolve duas questões: "o plano estrutural da organização social, com suas dimensões políticas e econômicas, e o das relações pessoais entre indivíduos concretos".

Família, condições econômicas familiares, políticas sociais associadas ao processo educativo: em uma premissa vygotskyana, todos esses fatores influenciam no desenvolvimento e na aprendizagem do sujeito. A família, em questões ligadas às relações de afeto, desenvolvimento motor, da linguagem, entre outras. As condições econômicas, relacionadas aos subsídios materiais necessários ao desenvolvimento do sujeito, como livros, brinquedos etc. Não podemos esquecer das questões relacionadas à alimentação, moradia e cuidado. Por fim, as políticas sociais voltadas à educação – com suas (im)possibilidades de valorização e qualificação do corpo docente, por meio de materiais pedagógicos, cursos de formação continuada, recursos financeiros para as instituições escolares etc.

Desse modo, o meio ambiente no qual o sujeito se encontra inserido representa a fonte do desenvolvimento do sujeito. Isso não quer dizer, em uma premissa vygotskyana, que o sujeito seja refém das necessidades, das carências presentes em seu ambiente.

Vygotsky (2003, p. 197) destaca que toda relação do sujeito com seu ambiente possui característica dialética de atividade, e não de uma suposta dependência que o cercearia:

> *A adaptação ao ambiente pode implicar a mais dura luta contra seus diferentes elementos, denotando sempre inter-relações ativas com este. Portanto, no mesmo ambiente social pode haver orientações sociais totalmente diversas do indivíduo, e toda questão reside em saber em que direção essa atividade será educada.*

Parafraseando Vygotsky (2003, p. 200), um processo educacional ideal, uma educação ideal, somente seria possível por meio de um ambiente social estruturado, adequado ao desenvolvimento, à aprendizagem dos sujeitos:

> *tudo pode ser educado e reeducado no ser humano por meio da influência social correspondente. A própria personalidade não deve ser entendida como uma forma acabada, mas como*

*uma forma dinâmica de interação que flui permanentemente entre o organismo e o meio.*

Mas qual a contribuição de Vygotsky para o entendimento da relação aprendizagem, cultura e ambiente?

Para o pensador russo, nossas aprendizagens sofrem influência do meio social, do ambiente no qual estamos inseridos – comportamento de classe do ser humano. Nossa educação é determinada pelo meio social no qual crescemos e nos desenvolvemos, e esse meio nos influencia de forma direta e indireta – esta última constituída pela ideologia presente na comunidade que estrutura as classes sociais e, consequentemente, o comportamento humano.

Por *ideologia*, Vygotsky (2003, p. 201) compreende "todos os estímulos sociais que foram estabelecidos no processo de desenvolvimento histórico e que se cristalizam por meio de normas jurídicas, regras morais, gostos artísticos etc.".

Finalizando, é importante entender que todo comportamento social do sujeito é estruturado com base no comportamento de sua classe social; sendo assim, cada sujeito é constituído e representante de determinada classe. Cabe à escola identificar esse processo, buscando tornar explícitas as relações ideológicas existentes em nosso meio social. Pois, como diria Vygotsky (1989, p. 57), "eu me relaciono comigo mesmo como as pessoas se relacionam comigo".

Mas sabemos responder quem somos nós, quem é o outro e como nos constituímos? Esse é um dos desafios da educação.

( . )
# Ponto final

Quando pensamos em aprendizagem, em (re)construção de conhecimentos, muitas vezes esquecemos do que nos torna humanos, em uma premissa vygotskyana: a apropriação da humanidade construída historicamente.

Mas essa apropriação requer mediação social, relações sociais, cultura. E perguntamos: Quais as relações sociais e culturais disponibilizadas a crianças, jovens e adultos atualmente?

O desafio da educação se encontra nessa premissa: que a mediação social, possibilitada por meio das relações sociais, possa, realmente, construir os sujeitos de forma dialética, não construindo apenas o EU, mas sim o EU e o OUTRO de forma inter-relacionada. Isso significa que teremos de reaprender a olhar, a escutar, a nos relacionar conosco e com os outros.

| *Desse modo, quem são os outros que habitam o espaço escolar?*

# Atividade

1. Leia atentamente as afirmativas a seguir e assinale (V) para as verdadeiras e (F) para as falsas. Todas as alternativas falsas devem ser justificadas teoricamente:

    ( ) Para Vygotsky, nós nos constituímos de DENTRO PARA FORA, ou seja, por meio dos sistemas biológicos e de maturação. A base de nossa construção é a genética e o meio social não teria papel importante em nossa formação.

    ( ) Para Vygotsky, o campo cultural é bem maior que o social, ou seja, nem tudo que está associado ao cultural é social, mas tudo que está associado ao social é cultural.

    ( ) O meio ambiente no qual o sujeito se encontra inserido representa a fonte do desenvolvimento do sujeito, para Vygotsky.

    ( ) O desenvolvimento cultural da criança se processaria por meio do brinquedo e do brincar. Desse modo, para Vygotsky, as construções sociais se estabeleceriam no brincar.

    ( ) Vygotsky destaca que toda relação do sujeito com seu ambiente possui uma característica de dependência, o que faz com que este seja condicionado pelo meio social, isto é, primeiro aprendemos e depois nos desenvolvemos.

    ( ) As funções psicológicas superiores se originam no cotidiano social, na vida social, ou seja, sua estruturação tem uma base histórica e social.

( 9 )

A construção do número
pela criança

*Jutta Cornelia Reuwsaat Justo é graduada em Ciências – Licenciatura Curta e em Pedagogia – Séries Iniciais pela Universidade do Vale do Rio dos Sinos (Unisinos). É mestre e doutora em Educação pela Universidade Federal do Rio Grande do Sul (UFRGS). Tem experiência na área de educação, com ênfase em educação matemática, atuando principalmente nos seguintes temas: resolução de problemas matemáticos, formação de professores e ensino de matemática.*

*Jutta Cornelia Reuwsaat Justo*

Nos últimos anos, a pesquisa sobre questões relacionadas à aprendizagem matemática inicial ganhou espaços de discussão em âmbito nacional e, principalmente, no internacional. Neste capítulo, traremos alguns resultados de pesquisas que tratam do desenvolvimento da aprendizagem matemática desde o nascimento da criança, enfatizando as questões numéricas. Dessa forma, pretendemos discutir alguns aspectos relacionados ao fazer pedagógico que podem promover uma aprendizagem matemática inicial de qualidade e de forma preventiva ao fracasso escolar.

## (9.1)
## A gênese do número segundo Piaget

Em 1941, Piaget e Szeminska lançaram o livro *A gênese do número na criança*, no qual relatam suas experiências e conclusões a respeito de como as crianças constroem seu conhecimento numérico. Piaget já realizava estudos sobre o desenvolvimento do pensamento das crianças há algum tempo. O estudioso suíço iniciou seus estudos considerando os aspectos verbais e conceituais do desenvolvimento do pensamento infantil e, em seguida, as fontes práticas e sensório-motoras desse desenvolvimento. No livro sobre a gênese do número, Piaget descreve seu estudo, que teve como objetivo verificar a relação das operações lógicas com a construção do número.

Um conceito importante desenvolvido por Piaget é a conservação do número. O pensador suíço realizou um experimento em relação à conservação de quantidades discretas que se encontra a seguir (Piaget; Szeminska, 1975):

> *Apresentam-se a uma criança (entre quatro e oito anos de idade) dois conjuntos de igual quantidade de objetos de uma mesma classe, dispostos em filas simétricas, de forma que estejam em correspondência um a um, facilmente perceptível de modo visual:*
> 0 0 0 0 0 0 0
> 0 0 0 0 0 0 0
> *Pergunta-se a ela em que fila há mais objetos.*
> *Em seguida, afastam-se os elementos de uma das duas filas e se repete a mesma pergunta: Em que fila há mais objetos?*
> 0 0 0 0 0 0 0
> 0 0 0 0 0 0 0

Ao realizar esse experimento, Piaget e seus colaboradores verificaram quatro níveis de conduta nas crianças em relação à conservação de quantidades:

- AUSÊNCIA DE CORRESPONDÊNCIA TERMO A TERMO (4-5 anos): as crianças responderam que há mais objetos na fila mais longa (onde os objetos foram afastados). Portanto, as quantidades são avaliadas pela criança em função da percepção espacial, e não pela equivalência (correspondência biunívoca e recíproca), não havendo a conservação.
- CORRESPONDÊNCIA TERMO A TERMO SEM CONSERVAÇÃO (5-6 anos): a correspondência termo a termo é estabelecida pela criança entre as fichas, no entanto, quando ela se rompe visualmente porque as fichas são separadas, as crianças renunciam à equivalência numérica e deixam-se levar pela configuração espacial.
- CONSERVAÇÃO NÃO DURADOURA (em torno dos 7 anos): a percepção espacial e a equivalência têm igual força e a criança entra em conflito. Quando pensa na correspondência termo a termo, ela tende à conservação e quando pensa nas relações perceptivas (largura e comprimento), ela tende à não conservação.
- CONSERVAÇÃO (a partir dos 7 anos): a equivalência prevalece logo sobre as relações perceptivas. Quando tem certeza da igualdade de elementos, a criança justifica pela não retirada de objetos de nenhuma das filas ou porque é possível voltar à mesma posição que estavam antes e, ainda, porque o pouco espaço entre os objetos de uma das filas é compensado pelo maior espaço entre os objetos da outra fila. Dessa forma, a criança torna operatórias as transformações que antes concebia como simples relações perceptivas (Piaget; Szeminska, 1975).

A respeito da construção do número, alguns resultados, apresentados por Piaget e Szeminska (1975) em *A gênese do número na criança*, foram os seguintes:

- o número operatório implica a existência de uma síntese, em um único sistema, da estrutura de inclusão de classes e de seriação, com a sucessão dos números constituindo-se na síntese operatória da classificação e da seriação;
- a construção do número acontece de maneira indissociável em cardinal e ordinal a partir da reunião das classes e das relações de ordem;
- a síntese da inclusão e da seriação só se constitui por volta dos 7-8 anos.

*Figura 9.1 – Estrutura do número operatório*

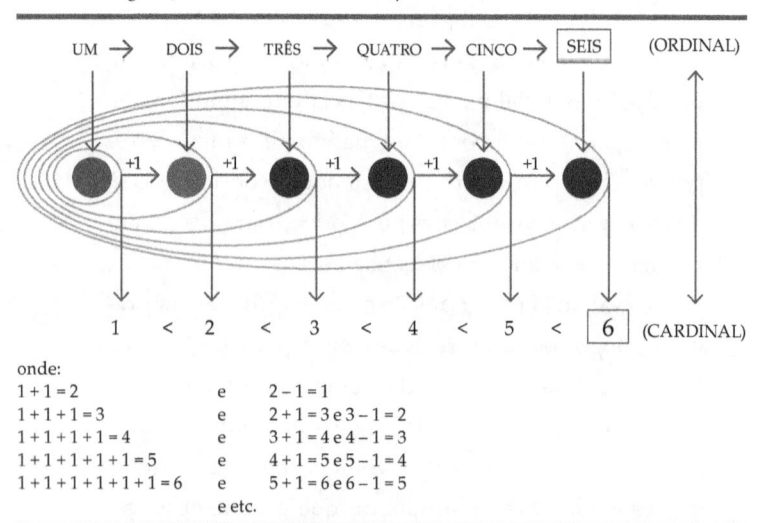

UM → DOIS → TRÊS → QUATRO → CINCO → SEIS   (ORDINAL)

1 < 2 < 3 < 4 < 5 < 6   (CARDINAL)

onde:
$1 + 1 = 2$ e $2 - 1 = 1$
$1 + 1 + 1 = 3$ e $2 + 1 = 3$ e $3 - 1 = 2$
$1 + 1 + 1 + 1 = 4$ e $3 + 1 = 4$ e $4 - 1 = 3$
$1 + 1 + 1 + 1 + 1 = 5$ e $4 + 1 = 5$ e $5 - 1 = 4$
$1 + 1 + 1 + 1 + 1 + 1 = 6$ e $5 + 1 = 6$ e $6 - 1 = 5$
e etc.

Fonte: Rangel, 1992, p. 132.

Portanto, para Piaget, a construção do conceito de número exige uma prévia aquisição de diferentes capacidades lógicas, como classificar, ordenar e efetuar correspondências. Essas capacidades lógicas – dentro de sua teoria de evolução do pensamento – são alcançadas no estágio de pensamento operacional (operações concretas), de forma que, sem essas capacidades, as técnicas tradicionais de ensino do número natural, como a de contar, podem reduzir-se a um mero procedimento mnemônico, sem maior valor educativo.

Piaget considerou a contagem uma mera habilidade social, sem conteúdo lógico-matemático. Destacou que a enumeração verbal (contagem oral) pode ser útil à construção do número operatório, mas que ela não é condição suficiente para a construção total dessa estrutura, pois permanece sem significação operatória durante a construção do número.

Um ponto de vista alternativo ao de Piaget é o de psicólogos como Gelman e Gallistel ou Baroody e Ginsburg, que defendem o ensino dos números baseado na ação de contar, afirmando que as dificuldades das crianças com a conservação de quantidades é resultado de um conhecimento incompleto de como se deve contar, e não de uma incapacidade para pensar logicamente (Nunes; Bryant, 1997). No entanto, apesar dessas pesquisas, a tese piagetiana da insuficiência da contagem como fundamento para a compreensão do número ainda continua sendo verdadeira.

Em continuidade, trazemos algumas pesquisas que abordam a contagem como um conhecimento importante na aprendizagem matemática inicial.

## (9.2)
## O papel da contagem na construção do número

Sabemos que a contagem é realizada pelas crianças desde que estas são muito pequenas. Inicialmente, elas aprendem a dizer nomes de números, nem sempre respeitando a sequência numérica adequada. Quantos de nós já não ouvimos crianças pequenas contando: um, dois, quatro, seis, três etc. A contagem é usada em suas brincadeiras, primeiramente como uma mera recitação de palavras, sem que ainda haja uma compreensão completa do que elas representam, mas é uma das primeiras formas que as crianças têm de entrar em contato com o sentido de número, e isso ocorre espontaneamente em brincadeiras do cotidiano infantil (Butterworth, 2005).

Depois das descobertas de Piaget sobre a construção do número, muitos pesquisadores passaram a estudar a relação entre o desenvolvimento de conceitos matemáticos e a aquisição de procedimentos numéricos: entre eles, Gelman e Gallistel, Resnick, Ford e Baroody interessaram-se pela maneira como as crianças contam.

Gelman e Gallistel (1978) realizaram uma pesquisa pioneira sobre esse tema e concluíram que a contagem de objetos visíveis estaria vinculada ao desenvolvimento de cinco princípios que as crianças precisam dominar para conseguir contar adequadamente. Os princípios encontram-se ilustrados[a] nas figuras 9.2, 9.3, 9.4, 9.5 e 9.6:

---

a. As ilustrações foram criadas com base nos conceitos de Gelman e Gallistel (1978).

*Figura 9.2 – Princípio da correspondência termo a termo*

CORRESPONDÊNCIA TERMO A TERMO: dizer um nome de número uma vez, e só uma, a cada elemento de conjunto.

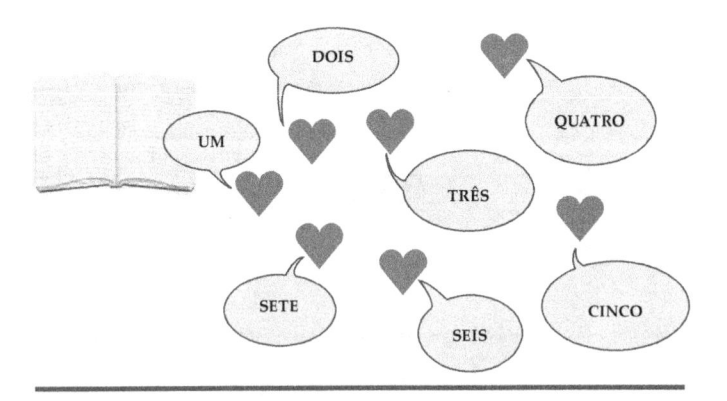

*Figura 9.3 – Princípio da ordem estável*

ORDEM ESTÁVEL: dizer sistematicamente os nomes dos números, na ordem adequada, toda vez que contar.

*Figura 9.4 – Princípio da cardinalidade*

CARDINALIDADE: a última palavra expressada durante a contagem representa o número total de elementos do conjunto, e não apenas o último objeto contado.

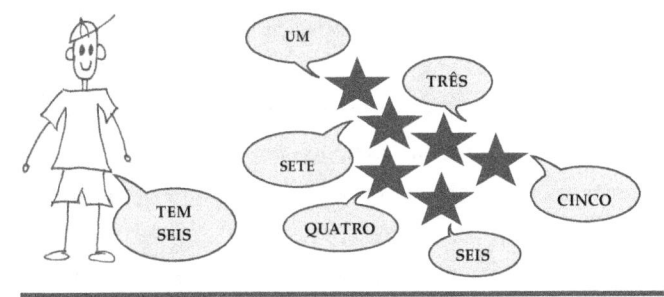

ILUSTRAÇÃO: DENIS KAIO TANAAMI.

*Figura 9.5 – Princípio da abstração*

ABSTRAÇÃO: qualquer tipo de entidade pode ser contada.

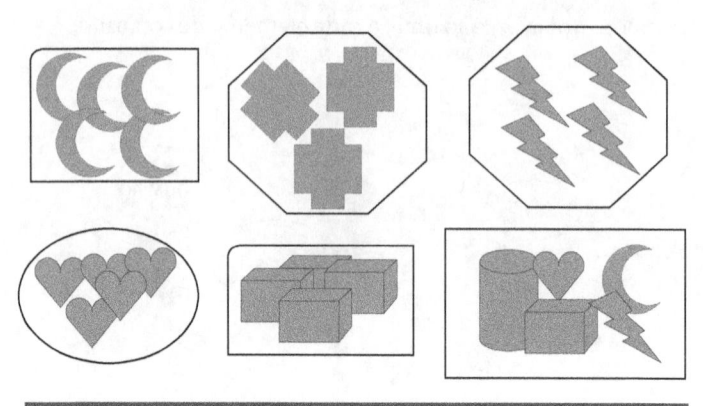

*Figura 9.6 – Princípio da irrelevância da ordem*

IRRELEVÂNCIA DA ORDEM: o total de elementos do conjunto independe do elemento inicial e da direção da contagem.

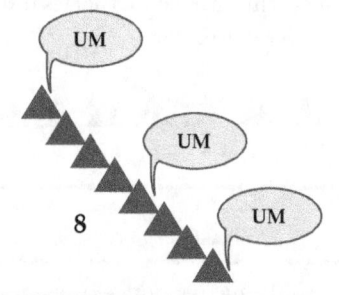

Nunes e Bryant (1997) afirmam que a habilidade em respeitar os princípios da contagem em crianças de 4 anos ainda não é constante, ou seja, elas podem aprender o nome dos números e dizê-los em sequência, mas têm dificuldades em respeitar a correspondência termo a termo ou a cardinalidade. Aos 5 ou 6 anos, já são hábeis em respeitar os princípios, mas essa habilidade se restringe a determinar o número de objetos de uma coleção. As crianças, nessa idade, embora saibam como contar, ainda não sabem quando a contagem é uma boa estratégia para a resolução de um problema.

Esses mesmos pesquisadores relembram os estudos de Piaget e Szeminska (1975), os quais apontaram que a contagem não é suficiente para a compreensão da natureza do número e que crianças que já sabem contar bem podem ainda não saber utilizar a contagem para resolver algum problema. Por exemplo: ao serem solicitadas a produzir um conjunto com o mesmo número de objetos que outro, mesmo crianças que já sabem como contar não usaram a contagem para fazê-lo e apoiaram-se na percepção visual para reproduzir esses conjuntos equivalentes.

Baroody e Ginsburg (1986) estudaram os procedimentos de contagem que as crianças utilizam ao quantificar o total da junção de duas coleções de elementos. Esses pesquisadores descreveram os procedimentos que envolvem, inicialmente, contar todos os elementos *(counting all)* até, mais tarde, a contagem na sequência *(counting on)*.

Segundo Baroody e Ginsburg (1986), existem três estágios principais no desenvolvimento da contagem como uma estratégia na resolução de adição de quantidades:

- CONTAR TODOS: ao juntar conjuntos de três e cinco elementos, as crianças contam "um, dois, três" e, então, "um, dois, três, quatro, cinco", para estabelecer a numerosidade dos dois conjuntos a serem adicionados, de forma que eles fiquem visíveis – por exemplo: três dedos em uma mão e cinco dedos na outra. Feito isso, as crianças voltam a contar todos novamente: "um, dois, três, quatro, cinco, seis, sete, oito".
- CONTAR A PARTIR DO PRIMEIRO: algumas crianças chegam a conceber que não é necessário contar o primeiro conjunto. Elas podem começar com três e, então, contar adiante mais outros cinco para obter a solução. Usando a contagem nos dedos, as crianças não contam mais o

primeiro conjunto, mas iniciam com a palavra "três" e então usam uma mão para contar adiante o segundo conjunto: "quatro, cinco, seis, sete, oito".

- CONTAR A PARTIR DO MAIOR: É a estratégia mais avançada, pois é mais eficiente e menos propensa a erro. As crianças agora selecionam o número maior para iniciar: "cinco" e, então, seguem com "seis, sete, oito".

Os estudos empíricos de Baroody e Ginsburg (1986) mostram que as crianças tendem a seguir a ordem anteriormente apresentada no desenvolvimento dos procedimentos de contagem. Justificam essa suposta ordem no desenvolvimento das estratégias, pelo fato de a última já implicar uma comutatividade em ação (e não necessariamente conceitual), ou seja, uma compreensão inicial da propriedade comutativa da adição.

O desenvolvimento conceitual da contagem possibilita às crianças adquirirem, com o tempo, à medida que interagem com diferentes situações, estratégias de contagem que lhes possibilitam resolver problemas de diferentes naturezas e de complexidade crescente. A integração da contagem e dos esquemas protoquantitativos[b] é apresentada por Orrantia (2006) como um importante papel para a aprendizagem da resolução de problemas matemáticos. A integração desses esquemas se manifesta com bastante clareza na resolução de problemas que envolvem as operações de adição e subtração.

---

b. Os esquemas protoquantitativos, definidos por Resnick, são relações numéricas que expressam juízo de quantidade, mas sem precisão numérica, por exemplo: maior, menor, mais ou menos (Orrantia, 2006).

# (9.3)
# A resolução de problemas matemáticos

Nos anos pré-escolares, as crianças já são capazes de resolver problemas matemáticos envolvendo operações de adição e de subtração, mesmo sem saber realizá-las formalmente. Elas usam diferentes estratégias de contagem para isso, modelando, de maneira direta, as ações representadas nas situações. Orrantia (2006, p. 166) apresenta um resumo das estratégias utilizadas para solucionar os diferentes tipos de problemas aditivos. Segundo o autor, "com conhecimentos mínimos sobre o número e a contagem, e com o conhecimento relacional de esquemas protoquantitativos, as crianças são capazes de resolver numerosas situações-problema".

As estratégias de contagem que podem ser usadas para resolver problemas aditivos encontram-se destacadas a seguir:

*Quadro 9.1 – Estratégias de contagem na resolução de problemas*

| TIPO DE SITUAÇÃO | ESTRATÉGIAS |
|---|---|
| Transformação aditiva – Ex.: *Maria tinha 5 balas e ganhou mais 3 de sua avó. Quantas balas ela tem agora?* | "Contar todos": Contar objetos para representar o conjunto inicial ou uma das partes. Contar objetos para representar a quantidade que se acrescenta ou para a outra parte. |
| Combinação – Ex.: *Em um vaso tem 5 flores amarelas e 3 vermelhas. Quantas flores há no vaso?* | Contar todos os objetos para determinar o conjunto final ou o todo. |

*(continua)*

*(Quadro 9.1 – conclusão)*

| Tipo de Situação | Estratégias |
|---|---|
| Transformação subtrativa – Ex.: *Vovó tinha 8 balas e deu 3 para Maria. Com quantas balas vovó ficou?* | "Separar de": Contar objetos para representar o conjunto inicial. Retirar os objetos que especificam o conjunto de mudança. Contar os objetos que restam para estabelecer o conjunto resultado. |
| Igualação – Ex.: *Maria tem 8 balas e José tem 5 balas. Quantas balas José precisa ganhar para ficar igual à Maria?* | "Acrescentar sobre" (depois de emparelhar): Criar duas filas de objetos para representar cada conjunto. Acrescentar objetos à fila menor até que fique igual à fila maior. Contar o número de objetos acrescentados. |
| Comparação – Ex.: *Maria tem 8 balas e José tem 5 balas. Qual é a diferença de balas entre os dois?* | "Emparelhamento": Criar duas filas de objetos para representar cada conjunto. Contar o número de objetos não emparelhados na fila do conjunto maior. |

Fonte: Orrantia, 2006.

Essas pesquisas, em termos didáticos, fazem pensar que seria interessante que fossem propostas às crianças atividades envolvendo transformações aditivas e subtrativas sobre quantidades, já que elas têm conhecimentos muito precoces sobre juízos de igualdade ligados a ações de juntar e tirar e sobre a reversibilidade de tais ações (Chamorro, 2005).

## (9.4)
## O ensino e a aprendizagem do número

Como já foi abordado anteriormente, o conhecimento matemático está presente na vida cotidiana das crianças, pois os números e a numeração são objetos culturais utilizados no meio familiar e social. O ensino, desde a educação infantil, precisa prever situações que permitam às crianças encontrar o sentido real dos números, programando atividades em que a quantificação de conjuntos e a numeração tenham funções precisas e significados.

Higueras (2005) apresenta alguns problemas que servem como referência para a construção de situações de ensino que podem dar significado ao número e à numeração.

- Problemas que permitam verificar a conservação de uma coleção (em momentos e posições diferentes); recordar uma quantidade já conhecida anteriormente; administrar uma coleção (controlar e relatar transformações ocorridas).
- Problemas que coloquem em jogo duas coleções e, sucessivamente, mais coleções: construir uma coleção equipotente à outra; comparar duas ou mais coleções; completar uma coleção para que tenha tantos elementos quanto a outra; combinar duas ou mais coleções.
- Problemas de referências ordinais: para situar-se em relação com outras crianças, em relação a objetos ou situações, para ter referências quanto à sua posição ou à posição de objetos em uma série etc.

- Problemas de divisão ou de partilha de uma coleção em coleções equipotentes (ou não), conhecendo bem o número de partes a repartir (caso de distribuição, por exemplo), ou o valor de cada parte (fazer pacotes, por exemplo), levando em conta que se trata de controlar ou antecipar o resultado da divisão.
- Problemas em que é necessário realizar trocas entre objetos de valores diferentes (por exemplo, para obter uma carta vermelha, é preciso dar três cartas verdes, e para obter uma carta verde, é necessário dar três azuis etc.; ou trocas entre moedas, ou situações de compra e venda etc.), em particular quando devem antecipar ou controlar os resultados finais dessas situações.

Sugere-se que todas essas situações sejam apresentadas não unicamente como ações (possíveis de serem resolvidas por ensaio e erro), mas também propostas como situações de formulação (favorecidas pelo intercâmbio de informações entre alunos e professor), assim como situações de validação (justificação da pertinência da estratégia posta em prática) (Chamorro, 2005).

Para que haja mudanças qualitativas nos procedimentos das crianças em relação à resolução desses problemas, ou seja, modificações e avanços em suas aprendizagens, especificamente no caso da construção do número, devemos variar os seguintes aspectos em diferentes situações que propomos a elas:

- o campo numérico (tamanho das coleções e das quantidades);
- o tipo de objetos das coleções (manipuláveis, fixos, representados graficamente, listados etc.);

- o local das coleções (próximas e visíveis ou ausentes e lembradas);
- a disposição espacial dos objetos (alinhados, agrupados, guardados, em desordem etc.);
- o ambiente onde se desenvolve a situação (micro/meso/macroespaço: objetos em uma caixa, objetos em uma sala de aula, objetos em um jardim externo amplo etc.);
- as regras e normas propostas pelo professor. (Higueras, 2005).

Portanto, em nossa tarefa de ensinar está a possibilidade de uma aprendizagem de qualidade construída pelas crianças. Em um contexto qualificado de ensino-aprendizagem, tanto o professor quanto o aluno são agentes ativos.

( . )

# Ponto final

As conclusões deste capítulo reforçam a tarefa de um ensino voltado para a aprendizagem das crianças. Portanto, um ensino que se preocupa com a formação de significados e a compreensão de conceitos e de procedimentos, e não somente com o ensino de procedimentos desconectados de sentido. Para isso, é necessário propor às crianças uma série de atividades que as coloquem diante de situações variadas, em que os números e procedimentos numéricos possam ser compreendidos e usados como ferramentas de pensamento.

# Atividades

1. Aplique, individualmente, com duas crianças (uma de 4 e outra de 8 anos, aproximadamente), a prova da conservação que está no início deste capítulo. Registre as suas respostas e analise em qual dos níveis descritos por Piaget cada uma delas se encontra.

2. Proponha a duas crianças (entre 6 e 8 anos) que resolvam as situações-problema apresentadas a seguir. Disponibilize a elas material de contagem e diga-lhes que podem usar os dedos para contar, se assim desejarem. Anote os procedimentos de contagem que elas usam e compare-os com os encontrados por Baroody e Ginsburg (1986).

   - Mariana tem 9 balas e ganhou mais 5 de uma amiga. Com quantas balas ela ficou?
   - Eu tinha 6 fichas e ganhei mais 4. Com quantas fichas eu fiquei?
   - Paulo tem 5 figurinhas e ganhou mais 8 no jogo. Com quantas figurinhas ele ficou?

# ( 10 )

Dialogando sobre as diferenças:
a Rede de Significações – RedSig

*Christiane Martinatti Maia*

O presente capítulo visa apresentar as ideias presentes na perspectiva teórico-metodológica da Rede de Significações, bem como sua relação com a aceitação das diferenças no ambiente educativo, em uma premissa inclusiva.

(10.1)
# Conceituando a Rede de Significações – RedSig

A Rede de Significações (RedSig) é uma perspectiva teórico-metodológica que tem base nas ideias de Vygotsky, Wallon, Bakhtin, Bowlby, entre outros, proposta por distintos pesquisadores brasileiros que fazem parte do grupo do Centro de Investigações sobre Desenvolvimento Humano e Educação Infantil (Cinded), da Faculdade de Filosofia, Ciência e Letras de Ribeirão Preto (USP) – Universidade de São Paulo, iniciado em 1994.

Uma das propostas do grupo é possibilitar um instrumento, uma ferramenta que possa ser utilizada para a compreensão do desenvolvimento humano, bem como nos procedimentos investigativos relacionados ao tema e à educação infantil, partindo do campo da psicologia do desenvolvimento. Ferreira-Rossetti et al. (2004, p. 23) destacam que:

> a perspectiva da Rede de Significações propõe que o desenvolvimento humano se dá dentro de processos complexos, imerso que está em uma malha de elementos de natureza semiótica. Esses elementos são concebidos como se inter-relacionando dialeticamente. Por meio dessa articulação, aspectos dos sujeitos em interação e dos contextos específicos constituem-se como partes inseparáveis de um processo em mútua constituição. Desta forma, as pessoas encontram-se imersas em, constituídas por e submetidas a essa malha e, a um só tempo, ativamente a constituem, contribuindo para a circunscrição dos percursos possíveis a seu próprio desenvolvimento, ao desenvolvimento dos outros sujeitos ao seu redor e da situação em que se encontram participando.

Podemos destacar, então, que o processo de desenvolvimento do sujeito[a] ocorre de forma complexa, caracterizado por alguns elementos interacionais, pessoais e contextuais. Por essas questões, a metáfora de rede é utilizada, a fim de possibilitar a explicação. Ferreira-Rossetti et al. (2004, p. 23) explicam:

> *A complexidade dos processos de desenvolvimento, sua flexibilidade e dinâmica, suas transformações e delimitações levaram-nos a recorrer à metáfora de rede. [...] Por concebermos, ainda, que a rede de significados e sentidos presentes na ação de significar o mundo, o outro e a si mesmos, efetivada no momento interativo, estrutura um universo semiótico, acabamos por denominá-la de perspectiva da Rede de Significações.*

É por meio dos campos interativos dialógicos que o sujeito se desenvolve para a RedSig. O desenvolvimento da criança se processa por meio de sua relação com o outro social. Ferreira-Rossetti et al. (2004, p. 23) salientam que "esse outro social passa a inserir a criança em contextos ou posições sociais, agindo como seu mediador. É esse outro que completa e interpreta o bebê para o mundo e o mundo para ele. É por meio do outro e dos movimentos desse outro que suas primeiras atitudes tomam forma".

As relações sociais iniciais do bebê se estabelecem, inicialmente, principalmente com o pai e a mãe, mas outros sujeitos começam a fazer parte de sua vida, possibilitando a socialização. Assim, os papéis desses outros presentes no cotidiano da criança podem ser assumidos ou

---

a. As autoras propõem a utilização do termo *pessoa* entendido em um processo de interdependência entre eu e o outro – ver Ferreira-Rossetti et al. (2004, p. 25). Usamos o termo *sujeito* por acreditar que, além de ser relação, é produção – subjetivado nas práticas sociais.

rejeitados por ela, fazendo com que "suas ações se completem, que suas atitudes tomem forma e adquiram significados" (Ferreira--Rossetti et al., 2004, p. 25).

Essas relações consideradas fundantes se processam durante toda a vida do sujeito. Ferreira-Rossetti et al. (2004, p. 25) compreendem que: "múltiplos papéis/contra-papéis e posicionamentos são possíveis de serem apreendidos e transformados por cada pessoa, ao longo de seu desenvolvimento, a partir das múltiplas e complexas experiências pessoais, em contextos variados".

Isso significa dizer que as relações sociais estabelecidas desde a infância pela pessoa a constituem, assim como sua relação com o mundo: "o ser humano é relação, constrói-se na relação com o outro e com o mundo e só se diferencia e se assemelha no espaço relacional" (Ferreira-Rossetti et al., 2004, p. 25).

A partir desse processo relacional, o sujeito se constitui pelo outro e vice-versa. Esse interjogo possibilita a construção das identidades individuais e grupais. O sujeito torna-se múltiplo, pelas múltiplas interações, pelas vozes que as constituem nas práticas discursivas. Ferreira-Rossetti et al. (2004, p. 26) afirmam que

> neste sentido, as características e os atributos de uma pessoa, dentre eles o sentimento de ser único e relativamente constante, ao longo do tempo, são resultado de um processo de construção cultural que exige permanência e individualização, o que se sustenta inclusive pela linguagem e por documentos institucionais.

O ambiente físico e social, relacionado à sua estrutura econômica e organizacional, compõe o cenário dos contextos culturais, onde ocorrem as relações sociais da pessoa.

Na RedSig, o contexto social é compreendido com base na noção de meio, apresentada por Wallon, que possuiria duas funções, conforme Ferreira-Rossetti et al. (2004, p. 26): "a de ambiente, contexto ou campo de aplicação de condutas (*milieu*); e a de condição, recurso, instrumento de desenvolvimento (*moyen*). O meio social, o espaço de experiência da pessoa, representa, assim, um meio (instrumento, recurso) para seu desenvolvimento".

Dessa forma, o meio é compreendido por meio de um momento sócio-histórico, relacionado ao sujeito e a um grupo de sujeitos que o compõem, que compartilham experiências, desejos, objetivos e interesses em comum. Isso faz com que os sujeitos se constituam de forma dialética, com todas as adversidades e questões econômicas associadas a esse grupo. Tais interações se processam em meio a uma matriz sócio-histórica, entendida a partir da "dialética inter-relação de elementos discursivos com as condições socioeconômicas e políticas nas quais os sujeitos estão inseridos, interagindo e se desenvolvendo" (Ferreira-Rossetti et al., 2004, p. 27).

Para a RedSig, todo esse processo de relações sociais, dentro de uma matriz sócio-histórica, ocorre por meio de múltiplas dimensões temporais, ou seja, todo acontecimento relaciona-se a determinado tempo e espaço de sua realização. Porém, é importante destacar que, mesmo no tempo atual, há questões de tempos passados que o construíram, que contribuíram para sua estruturação.

Ferreira-Rossetti et al. (2004, p. 29), diante das dimensões temporais, propõem a estruturação de quatro tempos que se encontram inter-relacionados: presente, vivido, histórico e de orientação futura:

- TEMPO PRESENTE: constitui o nível dialógico das práticas discursivas interpessoais, as quais se dão em um tempo e lugar presentes. Constituído pelas memórias sociais dos outros três tempos.
- TEMPO VIVIDO: refere-se às vozes evocadas de experiências vividas em nossas práticas discursivas. É construído por meio dos processos de socialização, compartilhados por todos os sujeitos envolvidos no processo.
- TEMPO HISTÓRICO OU CULTURAL: é o lócus do imaginário cultural, socialmente construído durante períodos relativamente longos em determinada sociedade. Diz respeito às constituições discursivas e ideológicas presentes no espaço cultural.
- TEMPO PROSPECTIVO OU DE ORIENTAÇÃO FUTURA: integra expectativas individuais e coletivas, proposições e metas. É também construído por constituições discursivas e ideológicas, bem como por desejos e perspectivas individuais.

As quatro dimensões temporais perpassam as relações sociais, sustentando, contrapondo e modificando umas às outras. Ou seja, o passado, o presente e o futuro inter-relacionam-se para continuar promovendo as mudanças necessárias na constituição dos sujeitos envolvidos.

Para a RedSig, o sujeito encontra-se em um movimento de assujeitamento em um mundo semiótico, enredando-se – por isso o termo *rede* – em determinadas posições e comportamentos constituídos cultural e historicamente.

Nesse sentido, a rede é compreendida como uma teia, uma malha onde ocorrem múltiplas articulações entre os sujeitos, em interações complexas, pois cada sujeito traz consigo uma história de vida diferenciada, planos futuros distintos, em papéis sociais e posições discursivas distintas. Ferreira-Rossetti et al. (2004, p. 30) destacam que:

> *entende-se que não existe uma única rede de significações, mas várias redes articuladas entre si, interligando e interligadas por nodos, compondo uma malha com diversos pontos de encontro. Essa noção permite, ainda, romper com as tradicionais dicotomias interior/exterior e macro/micro, pois é entendido que cada nodo encontra-se articulado a redes mais amplas e, simultaneamente, pode se constituir, a cada momento, de redes menores.*

Isso significa dizer que os múltiplos sujeitos que compõem a Rede de Significações se constituem de forma diferenciada, promovendo recortes de situações, ante suas motivações, emoções e significações, desenvolvendo-se e e aprendendo de maneiras distintas. Dessa forma, os sujeitos se constituem por meio de conflitos relacionados aos recortes de situações que realizam. Ferreira-Rossetti et al. (2004) nos auxiliam no entendimento do movimento de dialética presente na rede de significação:

> *Dessa maneira, reconhece-se que a concepção de desenvolvimento que vimos apresentando distancia-se de visões lineares, pontuais e causais e aproxima-se daquelas concepções que reconhecem as diferentes interconexões e associações entre os elementos, as relações de proximidade e subordinações entre eles e seus entrelaçamentos.*

Nesse sentido, os sujeitos se desenvolvem e aprendem de forma dialética, em um processo integrado e articulado nas redes globais e locais, relacionadas à cultura e ao ambiente, onde, constituídas e constituidoras do outro, aprendem a significar o mundo.

## (10.2)
# Dialogando sobre as diferenças

> *Aprender é descobrir aquilo que você já sabe. Ensinar é lembrar aos outros que eles sabem tanto quanto você.*
> – Richard Bach[b]

Partindo das ideias de Vygotsky, nosso desenvolvimento e aprendizagem estão inter-relacionados desde o nosso nascimento, sendo a mediação social, proveniente das práticas sociais, a responsável pelo desenvolvimento de nossas funções psicológicas superiores.

O processo de internalização se concretiza a partir das relações interpessoais que possibilitariam a reconstrução de conceitos presentes na sociedade, na cultura. Essas relações de aprendizagem contribuem para a formação da zona de desenvolvimento proximal (ZDP), caracterizada pela resolução de problemas pelo sujeito, por meio do auxílio de um sujeito mais experiente, seja no espaço formal, seja em um ambiente não formal de educação. Vygotsky (1989, p. 58) nos auxilia na definição de ZDP:

> A criança é capaz de imitar uma série de ações que ultrapassam suas próprias competências, mas somente dentro de limites. Por meio da imitação, a criança é capaz de desempenhar muito melhor quando acompanhada e guiada por adultos do que quando deixada sozinha, e pode fazer isso com entendimento e independência. A diferença entre o nível de tarefas resolvidas que podem ser desempenhadas com

---

b. Bach (1987).

*orientação e auxílio de adultos e o nível de tarefas resolvidas de modo independente é a zona de desenvolvimento proximal.*

Dessa forma, ao ingressar no espaço educativo, a criança já traz consigo construções conceituais que caracterizam sua zona de desenvolvimento real. Porém, na escola, o professor trabalha com a ZDP, segundo Vygotsky, necessitando, assim, orientar seu trabalho para seu desenvolvimento futuro, e não para seu desenvolvimento passado. Mas todas as crianças (os sujeitos) aprendem da mesma forma?

Na premissa da teoria histórico-cultural, somos constituídos por meio dos processos mediatizados pela sociedade, pela cultura, sendo nosso desenvolvimento caracterizado pela dialética. Vygotsky (1989, p. 90) destaca que a aprendizagem se caracteriza por um processo social:

> *Acreditamos que uma característica essencial da aprendizagem é que ela cria a zona de desenvolvimento proximal; isto é, a aprendizagem desperta uma variedade de processos de desenvolvimento internos, que só têm condições de funcionar quando a criança está interagindo com pessoas em seu ambiente e em cooperação com seus colegas. Uma vez internalizados, esses processos tornam-se parte da realização do desenvolvimento independente da criança.*

Assim, cada sujeito é único, em desenvolvimento, em aprendizagem. Por meio das relações sociais que estabelece, ele constitui sua identidade – de gênero, etnia, econômica, entre outras. Isso quer dizer que ninguém aprende da mesma forma. É aqui que se caracteriza nossa problemática: Nossa forma de planejamento, muitas vezes, visualiza todos os alunos como iguais. Respeitamos, assim, as diferenças?

Para Vayer e Roncin, citados por Marques (2012), "o conhecimento de si mesmo é, de certo modo, um jogo dialético entre os dois polos que caracterizam a presença do outro: a semelhança e a diferença".

Assim, a diferença faz parte da constituição do sujeito; porém, se esta se constitui de forma negativa, promove o processo de marginalização deste e sua exclusão do processo educativo. Essa diferença pode gerar angústias e dúvidas no sujeito que, sentindo-se diferente, muitas vezes desiste do processo de aprendizagem. Sucessivas notas baixas, recusa de participar das atividades e, no extremo, a evasão caracterizam esse processo.

Mas, e o sujeito com necessidades educacionais especiais?[c]

Em seus trabalhos, Vygotsky afirmava que a educação especial era vista como uma pedagogia menor, cujos trabalhos desenvolvidos baseavam-se somente na medição do grau de deficiência ou da inteligência, e não na investigação das capacidades do sujeito.

Com base nessas constatações, Vygotsky (1997, p. 16) introduz a defectologia (estudo do defeito) como ciência, na qual o objeto de estudo deveria ser dominado, metodologicamente delimitado e fundamentado teoricamente. A tese central da defectologia era que todo defeito produz estímulos para elaborar uma compensação. Sua teoria da compensação apoiava-se em W. Stern. Para Vygotsky (1997, p. 16), "aquele que não me mata me faz mais forte. Graças à compensação da debilidade nasce a força, das carências às necessidades". A compensação

---

c. Excerto de dissertação de mestrado de Christiane Martinatti Maia, defendida no PPGEdu/UFRGS, intitulada: *Brincar, não brincar: eis a questão? Um estudo sobre o brincar do portador de altas habilidades* (Maia, 2000).

seria uma reação que geraria novos processos indiretos de desenvolvimento, uma "sobre-estrutura" a desempenhar as funções psicológicas.

O professor e a família deveriam conhecer a particularidade do caminho pelo qual conduzem o sujeito com necessidades educacionais especiais e encarar a deficiência como uma compensação. A estimulação, que deveria fazer-se presente também na escola, garantiria o desenvolvimento presente e futuro.

Nesse sentido, Vygotsky (1997, p. 72) chamava a atenção para as questões da aprendizagem escolar, atribuindo um valor significativo a ela. Afirmava que a aprendizagem escolar seria responsável por produzir "algo fundamentalmente novo no desenvolvimento da criança". Para o educador russo, a escola necessária seria a escola voltada a uma educação social, onde a deficiência não fosse vista como enfermidade.

Vygotsky era contrário à exclusão dos alunos com necessidades educacionais especiais (NEE) da escola regular, por considerar a escola especial um micromundo isolado, fechado, acomodado e adaptado à deficiência. Os sujeitos deveriam integrar-se nas escolas regulares a fim de realizarem as atividades no mesmo período que as crianças sem deficiência realizam. Para ele, a aprendizagem é sempre possível: "Como não se pode aprender a nadar permanecendo na margem e, pelo contrário, é preciso se jogar na água mesmo sem saber nadar, a aprendizagem é exatamente igual, a aquisição do conhecimento só é possível na ação, ou seja, adquirindo esses conhecimentos" (Vygotsky, 2003, p. 296).

Cabe a nós, professores e futuros professores, possibilitar, em sala de aula, a (re)construção de conhecimentos em constante processo de transformação, pois a vida social, a cultura, é dinâmica e mutável. Não podemos nos esquecer de que o saber científico é a base de nossa formação e ensinamentos e de que o nosso aprendizado deve ser constante: "só ensina quem aprende, e quem aprende pode ensinar". Para Vygotsky (2000, p. 301), em cada aula há uma janela; o autêntico professor observará, de sua mesa de trabalho, o vasto mundo, as inquietações das pessoas, as alegrias e deveres da vida.

Reiteramos: as diferenças fazem parte de nossas vidas, de nossa constituição como sujeitos. Assim, por que a escola e a sociedade, muitas vezes, tendem a nos padronizar, a nos tornar iguais?

Uma sociedade inclusiva aceita o diferente, percebe que a diferença é parte constituinte do sujeito, escuta as várias vozes presentes em todos os cenários, observa os movimentos – passos, abraços, angústias expressas em nossos corpos. Aprende, assim, a olhar, a escutar. Mas será que conseguimos ensinar a olhar e a escutar?

Um projeto educativo deve se constituir com uma base sólida (não como castelos de areia, que na primeira onda se desfazem), onde se percebam, em suas paredes, frases, sinalizações, escritas, pichadas com sentimento, ousadia, criatividade e, principalmente, teoria – pois prática sem teoria é vivência, apenas.

Uma teoria presente na prática, que possibilite risadas, problematizações, dúvidas, angústias e o sentimento de pertencimento ao grupo – seu coletivo –, auxilia o sujeito em seu crescimento. Assim, um professor que transpire emoção, motivação, alegria, sentimentos em seu fazer pedagógico está favorecendo o crescimento do sujeito. Deixamos, assim, um pensamento de autoria desconhecida para reflexão:

> *Não faças do amanhã o sinônimo de nunca,*
> *nem o ontem te seja o mesmo que nunca mais.*
> *Teus passos ficaram. Olha para trás...*
> *mas vá em frente, pois há muitos que precisam*
> *que chegues para poderem seguir-te.*

( . )
## Ponto final

Somos constituídos pelo outro, e constituímos esse outro em distintos cenários culturais e sociais. Aprendemos por meio das relações sociais, em processos de mediação social. Desse modo, cada sujeito é único, representante e representado por sua história de vida e pelas relações sociais que se estabeleceram. E, se somos únicos, somos diferentes: em desenvolvimento, em aprendizagem, em desejos, em possibilidades, em capacidades e em dificuldades. E é esta a beleza do espaço educativo, da educação: ninguém é igual a ninguém. Que venha a diversidade!

# Atividade

1. Leia com atenção as afirmativas a seguir e assinale (V) para as verdadeiras e (F) para as falsas. Todas as afirmativas falsas devem ser justificadas teoricamente:

    ( ) O processo de desenvolvimento do sujeito, para a RedSig, ocorre de forma complexa, caracterizado por alguns elementos interacionais, pessoais e contextuais.

    ( ) O desenvolvimento do sujeito se processa por meio de sua relação com o outro social; desse modo, é por meio dos campos interativos dialógicos que o sujeito se desenvolve para a RedSig.

    ( ) O desenvolvimento do sujeito para a RedSig é compreendido como um processo estático, baseado em uma aprendizagem centrada em estímulos ambientais.

    ( ) Para Vygotsky, o desenvolvimento precede a aprendizagem, considerando essenciais as práticas sociais para a aprendizagem do sujeito.

    ( ) A tese central da defectologia, proposta por Vygotsky, era a de que todo o defeito produz estímulos para elaborar uma compensação.

    ( ) Vygotsky era a favor das escolas especiais, como as Apaes, por acreditar que um trabalho diferenciado, com especialistas, promoveria o desenvolvimento e a aprendizagem nos sujeitos com necessidades educacionais especiais.

# Referências

ALMEIDA, S. F. C. de. O arqueólogo do inconsciente. *Revista Educação*. Biblioteca do Professor, 1: Freud pensa a educação, 2006.

ANTUNES, C. *Como desenvolver conteúdos explorando as inteligências múltiplas*. 5. ed. Petrópolis: Vozes, 2001.

ARAUJO, C. M. M. de. *Oficina psicopedagógica 2*: concepção de desenvolvimento e a aprendizagem. Brasília: Gestar/MEC, 2001.

ATZINGEN, M. C. V. *História do brinquedo*: para as crianças conhecerem e os adultos se lembrarem. São Paulo: Alegro, 2001.

BACH, R. *Ilusões*. São Paulo: Record, 1987.

BAQUERO, R. *Vygotsky e a aprendizagem escolar*. Porto Alegre: Artmed, 2001.

BAROODY, A. J.; GINSBURG, H. P. The Relationship Between Initial Meaningful and Mechanical Knowledge of Arithmetic. In: HIEBERT, J. (Ed.). *Conceptual and Procedural Knowledge*: the Case of Mathematics. Hillsdale: Erlbaum, 1986.

BENJAMIN, W. *Reflexões*: a criança, o brinquedo, a educação. São Paulo: Summus, 1984.

BRÊTAS, A. *Psicomotricidade*: da educação infantil à gerontologia – teoria e prática. São Paulo: Lovise, 2000.

BROUGÈRE, G. *Brinquedo e cultura*. São Paulo: Cortez, 2000.

_____. *Jogo e educação*. Porto Alegre: Artmed, 1998.

BUTTERWORTH, B. The Development of Arithmetical Abilities. *Journal of Child Psychology and Psychiatry*, Boston, v. 46, n. 1, p. 3-18, 2005.

CAGNÉ, R. M. *Princípios essenciais da aprendizagem para o ensino*. Porto Alegre: Globo, 1980.

CAMPOS, D. M. S de. *Psicologia da aprendizagem*. Petrópolis: Vozes, 1986.

CHAMORRO, M. C. Herramientas de análisis en didáctica de las matemáticas. In: CHAMORRO, M. C. (Coord.). *Didáctica de las matemáticas para educación preescolar*. Madrid: Pearson Educación, 2005.

CHARLOT, B. *A mistificação pedagógica*: realidades sociais e processos ideológicos na teoria da educação. Rio de Janeiro: J. Zahar, 1983.

CHATEAU, J. *O jogo e a criança*. São Paulo: Summus, 1987.

COLL, C.; MARCHESI, A.; PALÁCIO, J. *Desenvolvimento psicológico e educação*. 2. ed. Porto Alegre: Artmed, 2004.

COLLARES, C. A. L.; MOYSÉS, M. A. A. A história não contada dos distúrbios de aprendizagem. *Cadernos Cedes*, Campinas, n. 28, p. 31-48, 1993.

DANIELS, H. (Org.). *Vygotsky*: uma introdução. São Paulo: Loyola, 2002.

_____. *Vygotsky em foco*: pressupostos e desdobramentos. Campinas: Papirus, 2003.

DAVIDOFF, L. L. *Introdução à psicologia*. São Paulo: McGraw-Hill, 1984.

ELKONIN, D. *Psicologia do jogo*. São Paulo: M. Fontes, 1998.

FERREIRA, C. A. M. (Org.). *Psicomotricidade*: da educação infantil à gerontologia teoria e prática. São Paulo: Lovise, 2000.

FERREIRA-ROSSETTI, M. et al. *Rede de significações*: e o estudo do desenvolvimento humano. Porto Alegre: Artmed, 2004.

FREIRE, P. *Pedagogia da autonomia*: saberes necessários à prática da autonomia. 11. ed. São Paulo: Paz e Terra, 1999.

FREUD, S. (1905). Três ensaios sobre a sexualidade. In: SALOMÃO J. (Org.). *Edição standart brasileira de obras completas de Sigmund Freud*. Rio de Janeiro: Imago, 1969.

GALVÃO, I. *Henri Wallon*: uma concepção dialética do desenvolvimento infantil. Petrópolis: Vozes, 2000.

GARDNER, H. *Inteligências múltiplas*: a teoria na prática. Porto Alegre: Artes Médicas, 1995.

GELMAN, R; GALLISTEL, C. R. *The Child's Understanding of Number*. Cambridge, Harvard University Press, 1978.

GÓES, M. C. R. de. A formação do indivíduo nas relações sociais: contribuições teóricas de Lev Vygotsky e Pierre Janet. *Revista Educação & Sociedade*, v. 21, n. 71, jul. 2000.

GROSSI, E. P. Assim não dá! Dizer que o aluno não aprende. *Revista Nova Escola*, São Paulo, n. 214, p. 20, ago. 2008.

HIGUERAS, L. R. La construcción de los primeros conocimientos numéricos. In: CHAMORRO, M. C. (Coord.). *Didáctica de las matemáticas para educación preescolar*. Madrid: Pearson Prentice Hall, 2005.

HOFFMANN, J. M. L. *Avaliação mediadora*: uma prática em construção da pré--escola à universidade. Porto Alegre: Educação & Realidade, 1993.

HUIZINGA, J. *Homo ludens*. São Paulo: Perspectiva, 2001.

KAPLAN, H. I.; SADOCK, B. J.; GREBB, J. A. *Compêndio de psiquiatria*: ciências do comportamento e psiquiatria clínica. 7. ed. Porto Alegre: Artmed, 2003.

KISHIMOTO, T. M. Brinquedos e materiais pedagógicos nas escolas infantis. *Educação e Pesquisa*, São Paulo, v. 27, n. 2, p. 229-245, jul./dez. 2001.

KOHUT. H. *A restauração do SELF*. Rio de Janeiro: Imago, 1997.

KRAMER, S. Pesquisando infância e educação: um encontro com Walter Benjamim. In: KRAMER, S.; LEITE, M. I. (Org.). *Infância*: fios e desafios da pesquisa. Campinas: Papirus, 1996.

LA ROSA, J. *Psicologia e educação*: o significado do aprender. 6. ed. Porto Alegre: Edipucrs, 2003.

LA TAILLE, Y. de ; OLIVEIRA, M. K. de; DANTAS, H. *Piaget, Vygotsky, Wallon*: teorias psicogenéticas em discussão. São Paulo: Summus, 1992.

LANE, S. T. M.; CODO, W. (Org.). *Psicologia social*: o homem em movimento. São Paulo: Brasiliense, 1993.

LEBOVICI, D. *Significado e função do brinquedo na criança*. Porto Alegre: Artes Médicas, 1985.

LEMLE, M. *Guia teórico do alfabetizador*. 16. ed. São Paulo: Ática, 2004.

MACEDO, L. de. O ancestral do humano e o futuro da humanidade. *Viver Mente & Cérebro*, Edição Especial, n. 1, p. 6-15, 2006. (Coleção Memória da Pedagogia).

MAIA, C. M. M. *Brincar, não brincar: eis a questão?* Um estudo sobre o brincar da criança portadora de altas habilidades. Dissertação (Mestrado em Pedagogia) – Universidade Federal do Rio Grande do Sul, Porto Alegre, 2000.

MARQUES, C. A. *A construção do anormal*: uma estratégia de poder. Disponível em: <http://www.anped.org.br/reunioes/24/T1553129810195.doc>. Acesso em: 07 mar. 2012.

MEZZOMO, C. L.; RIBAS, L. P. Sobre a aquisição das líquidas. In: LAMPRECHT, R. et al. *Aquisição fonológica do português*: perfil de desenvolvimento e subsídios para terapia. Porto Alegre: Artmed, 2004.

MOLL, L. C. *Vygotsky e a educação*: implicações pedagógicas da psicologia sócio-histórica. Porto Alegre: Artes Médicas, 1996.

NUNES, T.; BRYANT, P. *Crianças fazendo matemática*. Porto Alegre: Artes Médicas, 1997.

OLIVEIRA, Z. R. de. *Educação infantil*: fundamentos e métodos. 3. ed. São Paulo: Cortez, 2007. (Coleção Docência em Formação).

ORRANTIA, J. Dificultades en el aprendizaje de las matemáticas: una perspectiva evolutiva. *Revista de Psicopedagogia*, São Paulo, v. 23, n. 71, p. 158-180, 2006.

PAPALIA, D. E.; OLDS, S. W.; FELDMAN, R. D. *Desenvolvimento humano*. 7. ed. Porto Alegre: Artmed, 2000.

PASSOS, C. D. *Pensamentos para uma vida melhor*. São Paulo: Madras, 1999.

PESSOA, F. *O livro do desassossego*. Lisboa: Ática, 1982.

PIAGET, J.; SZEMINSKA, A. *A gênese do número na criança*. Rio de Janeiro: J. Zahar, 1975.

POLITY, E. *Dificuldade de ensinagem*: que história é essa? São Paulo: Vetor, 2003.

RANGEL, A. C. S. *Educação matemática e a construção do número pela criança*: uma experiência em diferentes contextos socioeconômicos. Porto Alegre: Artes Médicas, 1992.

REGO, T. C. *Vygotsky*: uma perspectiva histórico-cultural da educação. Petrópolis: Vozes, 1995.

SANTINI, C. Q. S. Aquisição fonológica de crianças de 2:0 a 6:11 falantes do português. In: MARCHESAN, I. Q. et al. *Tópicos em fonoaudiologia*. São Paulo: Lovise, 1996.

SANTOS, S. M. P. dos (Org.). *A ludicidade como ciência*. Petrópolis: Vozes, 2001.

SCHULTZ, D. P. *História da psicologia moderna*. São Paulo: Cultrix, 1992.

SHAFFER, D. R. *Psicologia do desenvolvimento*: infância e adolescência. São Paulo: Pioneira Thomson Learning, 2005.

SIRGADO, A. P. O social e o cultural na obra de Vygotsky. *Educação e Sociedade*, Campinas, v. 21, n. 71, jul. 2000.

STENBERG, R. *As capacidades intelectuais humanas*: uma abordagem em processamento de informações. Porto Alegre: Artes Médicas, 1992.

VAN DER VEER, R.; VALSINER, J. *Vygotsky*: uma síntese. São Paulo: Loyola, 2001.

VYGOTSKY, L. S. *A formação social da mente*. São Paulo: M. Fontes, 1989.

\_\_\_\_. *Estudos sobre a história do comportamento*: símios, homem primitivo e criança. Porto Alegre: Artes Médicas, 1996.

\_\_\_\_. *Obras escogidas V*: Fundamentos da defectologia. Madrid: Visar, 1997.

\_\_\_\_. O manuscrito de 1929. *Educação e Sociedade*, Campinas, v. 71, p. 21-44, 2000.

\_\_\_\_. *Psicologia pedagógica*. Porto Alegre: Artmed, 2003.

WALLON, H. *Objetivos e métodos da psicologia*. Lisboa: Estampa, 1973.

\_\_\_\_. *Psicologia e educação da criança*. Lisboa: Veja, 1979.

WEISZ, T. *O diálogo entre o ensino e a aprendizagem*. São Paulo: Ática, 2003.

ZORZI, J. L. *Guia prático para ajudar crianças com dificuldades de aprendizagem*: dislexia e outros distúrbios – um manual de boas e saudáveis atitudes. Porto Alegre: Melo, 2008.

ZORZI, J. L.; CAPELLINI, S. A. *Dislexia e outros distúrbios de leitura-escrita*: letras desafiando a aprendizagem. São José dos Campos: Pulso, 2008.

# Gabarito

*Capítulo 1*
1. 3, 4, 1, 2.

*Capítulo 2*
1. Os alunos devem salientar a influência do ambiente na construção da aprendizagem e como esse ambiente pode ser preparado pedagogicamente para que esta ocorra de forma prazerosa.

*Capítulo 3*
1. A consciência fonológica nada mais é do que a habilidade do sujeito em perceber que a língua falada pode ser segmentada em unidades distintas, ou seja, a frase pode ser segmentada em palavras, as palavras em sílabas, e estas, em fonemas. O sujeito também deve ser capaz de compreender que essas mesmas unidades repetem-se em diferentes palavras faladas.
2. O desenvolvimento do sistema fonológico acontece desde o nascimento. São as experiências vivenciadas pela criança durante o primeiro ano de vida que a preparam, tanto do ponto de vista perceptual quanto motor, para a aquisição das primeiras palavras. A apropriação e o aprimoramento do sistema fonológico pressupõem, portanto, a integridade do circuito funcional para a produção de fala, envolvendo as habilidades de percepção, codificação,

o planejamento fonológico e, finalmente, a execução motora.
3. Aprender a ler, com base no sistema alfabético de escrita, exige que o sujeito seja capaz de transformar as letras nos respectivos sons correspondentes, respeitando o sentido da esquerda para a direita. Também deve ser capaz de sintetizar ou reunir tais sons em sílabas e estas, em palavras. Essas habilidades acerca da estrutura sonora da linguagem fazem parte das tarefas realizadas pela consciência fonológica. Assim, crianças com dificuldades em consciência fonológica geralmente apresentam atraso na aquisição da leitura e escrita. Procedimentos para desenvolver a consciência fonológica podem ajudar as crianças com dificuldades na leitura e escrita a superá-los.
4. e
5. 2, 1, 3.
6. F, V, F, V, V.

*Capítulo 4*

1. Zorzi e Capellini indicam a existência de dois pilares, que servem de base para a escrita alfabética. O primeiro consiste na ideia de que as palavras constituem-se de pequenas unidades sonoras, denominadas *fonemas*, porque são eles que se transformam em letras. O segundo pilar diz respeito à noção de que as palavras de uma língua se formam a partir da combinação e repetição de um pequeno grupo de fonemas.
2. e
3. casamento monogâmico.
4. com restrição de posição; regulares; regras.
5. relação de concorrência; mesma.
6. relações de concorrência; língua escrita.
7. estrutura morfológica.

*Capítulo 5*

1. A teoria das inteligências múltiplas foi desenvolvida a partir dos anos 1980, por uma equipe de pesquisadores da Universidade de Harvard, liderada pelo psicólogo Howard Gardner. Essa teoria surgiu como uma alternativa para o conceito de inteligência, entendida como uma capacidade inata, geral e única, que possibilita ao sujeito um desempenho, maior ou menor, nas diferentes áreas de atuação.
2. A principal contribuição da teoria das inteligências múltiplas para a educação consiste na constatação de que o sujeito não possui uma única inteligência, inata e mensurável, mostrando que todos os indivíduos são inteligentes, mas de forma diferente, e que suas inteligências são reforçadas, desenvolvidas ou não, dependendo dos estímulos que recebem do ambiente e da cultura na qual se encontram inseridos.
3. De acordo com o paradigma de Gardner (1985), as inteligências não são objetos que podem ser contados mas potenciais, que podem ou não ser ativados, dependendo dos valores de uma cultura específica, das oportunidades disponíveis nessa cultura e das decisões pessoais tomadas pelo próprio indivíduo, sua família, seus professores e outros.
4. V, F, V, V, V.
5. A inteligência lógico-matemática.
6. A inteligência sonora ou musical.
7. A linguagem corporal.
8. Entre as sugestões mencionadas no referencial teórico, destacamos que é papel do professor buscar em outras disciplinas (Ciências, Geografia, História, Língua Estrangeira) temas para criar problemas que envolvam probabilidades ou mesmo a interpretação de dados. A construção da linha do tempo pode ser iniciada a partir dos dados da vida dos alunos para, posteriormente, passar para a projeção de teorias e fatos, envolvendo o conhecimento temporal. A utilização de linguagens textuais, que contenham dados ou informações numéricas, possibilita ao professor solicitar que os alunos construam gráficos do tipo pizza ou setores, barras lineares e muitas outras atividades. Também é interessante que, o professor proponha ao aluno esxplicar os gráficos, por meio de textos, assim como fazer a transposição dos dados de um gráfico para outro.
9. 2, 1, 4, 3.

*Capítulo 6*

1. O fracasso escolar, na visão de Polity (2003), está relacionado ao sistema educativo, revelando as inadequações das instituições escolares que são, em última instância, representadas pelos professores, coordenadores, diretores, entre outros profissionais. As dificuldades de aprendizagem dizem respeito ao sujeito aprendente e, quando bem conduzidas, não impedem o avanço do sujeito em seus estudos. Logo, nem sempre geram o fracasso escolar.
2. A ensinagem pressupõe que o ensino seja um processo dialógico, baseado na emoção e na razão, como aspectos complementares e interdependentes. A emoção permeia a relação professor-

-aluno, assim como as percepções que o professor tem da sua própria prática, como ele a pensa e a sente.
3. A dificuldade de ensinagem pode surgir devido à ação de um professor desprovido de conhecimento teórico ou a falta de estímulo do meio. Ela também sofre uma forte influência dos aspectos emocionais que permeiam a relação ensinante e aprendente, aspectos estes que nem sempre são detectados pelo professor, devido à falta de preparo pessoal e não à competência técnica, como muitas vezes se acredita.
4. Ao elaborar a resposta, o aluno deve posicionar-se sobre o tema em questão, buscando sustentação num referencial teórico.
5. objetivos de ensino; estágios evolutivos
6. F, V, F, V.

*Capítulo 7*
1. V
2. F
3. V
4. F
5. F
6. V

*Capítulo 8*
1. F
2. F
3. V
4. V
5. F
6. V

*Capítulo 9*
1. Relacionar as respostas das crianças aos quatro níveis de conduta nas crianças em relação à conservação de quantidades: 1) Ausência de correspondência termo a termo; 2) Correspondência termo a termo sem conservação; 3) Conservação não duradoura; 4) Conservação.
2. Relacionar o comportamento de cada criança observada aos três estágios principais no desenvolvimento da contagem como uma estratégia na resolução de adição de quantidades, descritos por Baroody e Ginsburg (1986): contar todos, contar a partir do primeiro e contar a partir do maior.

*Capítulo 10*
1. V
2. V
3. F
4. V
5. F
6. F

Os papéis utilizados neste livro, certificados por instituições ambientais competentes, são recicláveis, provenientes de fontes renováveis e, portanto, um meio responsável e natural de informação e conhecimento.

**FSC**
www.fsc.org
**MISTO**
Papel produzido
a partir de
fontes responsáveis
**FSC® C103535**

Impressão: Reproset
Abril/2021